우리말 어원으로 배우는
수능 일본어 단어

우리말 어원으로 배우는 수능 일본어 단어

발행일   2024년 9월 6일

지은이   한창화
펴낸이   손형국
펴낸곳   (주)북랩
편집인   선일영   편집   김은수, 배진용, 김현아, 김다빈, 김부경
디자인   이현수, 김민하, 임진형, 안유경, 최성경   제작   박기성, 구성우, 이창영, 배상진
마케팅   김회란, 박진관
출판등록 2004. 12. 1(제2012-000051호)
주소   서울특별시 금천구 가산디지털 1로 168, 우림라이온스밸리 B동 B111호, B113~115호
홈페이지 www.book.co.kr
전화번호 (02)2026-5777   팩스   (02)3159-9637

ISBN   979-11-7224-251-0 13730 (종이책)   979-11-7224-252-7 15730 (전자책)

(주)북랩 성공출판의 파트너

북랩 홈페이지와 패밀리 사이트에서 다양한 출판 솔루션을 만나 보세요!

홈페이지 book.co.kr • **블로그** blog.naver.com/essaybook • **출판문의** book@book.co.kr

작가 연락처 문의 ▸ ask.book.co.kr

작가 연락처는 개인정보이므로 북랩에서 알려드릴 수 없습니다.

우리말 어원으로 배우는
수능 일본어 단어

한창화 지음

북랩

목차

| 1장 \| 명사 名詞 | 29 |

2장 | 형용사 形容詞　　99

　　　쉬어 가는 곳 5　복어 이야기　　　108

4장 | 부사 副詞   215

5장 | 의태어·의성어   221

외국어를 공부하는 데 있어 단어를 암기하는 것은 학습자에게 많은 노력과 시간을 필요로 한다.

예를 들어 영어 단어를 암기해 놓아도 자주 사용하지 않으면 시간이 흐르면서 그 단어가 무슨 뜻인지 점점 기억에서 멀어져 가고 만다. 단어의 뿌리를 이해하고 암기해 둔 단어는 평소 사용하지 않아도 기억이 오래가지만, 그저 단순하게 암기만 해 둔 단어는 기억이 오래 지속될 수 없다. "공신들은 영어 단어를 암기하지 않는다, 이해한다"라는 말이 있다. 그러나 우리말과 계통이 다른 영어 단어를 이해하기 위해서는 또 다른 노력을 필요로 한다.

그런데, 일본어는 역사적으로 보면 기원전부터 한반도에서 건너간 사람들이 사용하던 말이 일본어의 뿌리가 되었기 때문에 어원을 잘 밝혀서 이해만 하면 된다. 예를 들면 「절(寺)」이 일본어로 「てら」인데, 이 말은 「절」의 옛말인 「뎔」이 변한 말임을 이해한다면 이것 이상의 바람직한 단어 학습법은 없을 것이다(뎔 〉 댈 〉 대라 〉 てら). 「뎔」이 「てら」로 바뀌는 과정을 알고 이해하면 「てら」라는 뜻은 평생 기억할 것이다. 「てら」라는 말이 또 다른 우리말의 하나가 되어 버렸기 때문이다.

순수 일본어를 「야마토 고토바(大和言葉)」라고 하는데 한자를 뜻으로 읽는 훈독(訓読)이 바로 「야마토 고토바」이다. 「야마토 고토바」는 우리말에 뿌리를 둔 말이 대부분이기 때문에 이 책을 통하여 한자의 훈독은 쉽게 공부할 수 있음은 물론, 우리말의 또 다른 발견이라는 기쁨도 느낄 수 있으리라 생각한다. 머리말 다음에 나오는 「일본어 뿌리」를 잘 읽고 충분히 이해하면 새로운 단어를 접하였을 때 이 단어의 어원이 무엇인지 유추할 수 있는 힘을 기를 수 있다.

　그리고, 어원 설명에 있어 우리말 대응이 미흡한 것도 있을 수 있는데 이런 부분은 앞으로 계속 새로운 어원을 발굴하는 노력을 통해 보완해 나가고자 하니, 넓은 마음으로 보아 주시기 당부드린다. 어원 설명에 있어 정설(定説)이 없을 때는 여러 설(説)이 분분한 것이 어원설의 특징이기도 하다.

　끝으로, 이 책을 통하여 일본어 공부에 자신감을 가지시기 바라며, 또한 일본어 공부를 즐겁게 할 수 있는 좋은 계기가 될 수 있기를 바라 마지않는다.

2024년 8월
저자 한창화

일러두기

1. 단어의 배열순서는 명사·형용사·동사 순, 그리고 あいうえお순으로 하였다.

2. 어원을 분석하는 데 있어, 일본어 발음 표기는 다음과 같이 하였다.
   - かは「가」, きは「기」, くは「구」, けは「게」, こは「고」, たは「다」, とは「도」로 표기하는 것을 원칙으로 했다.
   - 나머지 가나는 소리 나는 대로 표기하였다.

3. 참고 일본 서적은 아래와 같다.

   岩波古語辞典, 古典基礎語辞典(大野すすむ), 大言海,

   日本語源大辞典(小学館), 日本語源広辞典(増井金典著)

4. 이 책에서는 단어가 가진 대표적인 의미만 취급하였으므로, 단어의 여러 의미를 알고자 하면 일반 사전을 참고해 주시기 바란다.

5. 방언은 표준국어대사전, 고려대 한국어대사전을 우선하였다.

I. 한민족의 일본 열도 이주

일본의 역사는 구석기 시대부터 신석기 시대인 조몬(縄文) 시대(13,000년전), 야요이(弥生) 시대, 그리고 역사 시대로 들어가는데 우리 민족의 이동과 관련이 깊은 것이 야요이 시대와 역사 시대인 고분(古墳) 시대이다.

1. 야요이(弥生) 시대(BC. 4세기 ~ AD. 3세기)

BC. 4세기경 「청동기 문화, 철기문화, 벼농사 문화」를 가진 한국인이 지리적으로 가장 가까운 일본 큐슈(九州)의 북부 지역에 배로 바다를 건너 이주를 한다. 이때부터 벼농사로 식량확보가 가능해지면서 인구가 급속하게 증가하고, 세토나이카이(瀬戸内海)를 통해 킨키(近畿) 지역으로 야요이 문화가 확장되면서 일본 고대국가를 만드는 밑거름이 된다.

큐슈대학에 야요이(弥生) 시대 인골이 약 5,000구 있는데 유전자가 현대 한국인의 유전자와 거의 동일하다는 것이 밝혀졌다(일본은 토질이 알칼리성이라 잘 보존됨).

일본인의 조상으로 조몬인과 야요이인이 있는데, 조몬인은 원주민으로 키가 작고 얼굴이 둥근형인데 비하여, 야요이인은 키가 크고 얼굴은 장방형으로 한국인의 특징과 비슷하다. 사람이 이동하면 문물(文物)과 함께 말(言語)도 이동하게 된다.

2. 고분(古墳) 시대(3세기 말~7세기 말)

야마토(大和) 시대라고도 한다. 3세기 말부터 「가야인(伽耶人)」들이 신라와 백제의 압박으로 대마도를 거쳐 대거 규슈로 이주한다. 일본 열도로의 이주는 백제 멸망 시(678년)까지 계속된다. 고분 시대에 빠른 기간 내에 강력한 고대국가를 건설하는 데에는 가야인들이 기마민족으로 빠른 이동 수단과 철제 무기를 가지고 있었기 때문이다. 일본에서는 바다를 건너온 사람을 도래인(渡来人)이라 부르고 있다. 우리 민족의 이동과 관련이 있는 시대는 야요이 시대, 고분 시대이고 이들이 사용했던 말이 일본어의 뿌리가 된 것이다.

II. 한일(韓日) 언어 비교

우리말과 일본어의 가장 큰 차이는 우리말은 음소(音素) 문자이고, 일본어는 음절(音節) 문자라는 점이다. 음소문자는 적은 수의 자음과 모음을 조합하여 수많은 음절을 만들어 낼 수 있다. 한글에서 만들 수 있는 음절수는 만개가 넘는다 (초성 19개×중성 21개×종성 28개=11,172).

이중 식별이 가능한 발음수가 1,096개라고 한다. 일본어의 발음수는 112개이다.

그리고, 한자(漢字) 발음수는 우리말이 460개, 일본어는 300개이다. 일본의 한자 발음수는 우리보다 160개나 적기 때문에 우리처럼 한자가 하나의 발음을 가질 수 없고, 복수의 발음을 가지는 한자가 많다. 일본어 한자 음독(音読) 학습이 번거로운 이유가 여기에 있다.

	우리말(한글)	일본어(가나)
언어 구분	음소(音素) 문자	음절(音節) 문자
성립 시기	1443년 창제 (반포 1446년)	9세기 말에서 10세기 무렵의 헤이안(平安) 시대
발음수	1,096개(모음수 21개)	112개(모음수 9개)
한자 발음수	460개(한음절)	300개(장단음구분, 요음,두음절)

(주1) 일본어 발음수(112개): 청음 44, 탁음 20, 반탁음 5, 요음 42, 발음(撥音) 1.

(주2) 복수의 음독 발음을 가진 일본 한자(漢字): 상용한자 2,136자 중 약 250자. 동음이의어(同音異議語)가 많다.

III. 우리말이 일본어로 바뀔 때 일어나는 현상(법칙)

1. 음성모음의 양성모음화

일본어에는 음성모음인 「ㅓ, ㅕ, ㅡ」 발음이 없어, 양성모음이나 중성모음으로 바뀐다.

(1) 섬(島):『섬 〉 서마 〉 시마 〉 しま』(ㅓ → ㅣ)

(2) 서울: ソウル(ㅓ → ㅗ)

(3) ゆう(夕): 저녁

　　어원은「저녁」의「녁」

　　『녁 〉 뇩 〉 뉴 〉 유: 〉 ゆう』

　　① ㅕ → ㅠ

　　② ㄴ → ○(우리의 'ㄴ두음법칙'과 유사)

2. 청음화(清音化) 현상

　순수 일본어를「야마토 고토바」(大和言葉, 한자 훈독)라고 하는데 원칙적으로 어두(語頭)에 탁음·반탁음이 오지 않고 청음(清音)이 온다. 따라서, 우리말이 일본어로 바뀔 때 이 원칙에 따라 탁음·반탁음이 청음(清音)으로 바뀐다.

(1) 밭:『밭 〉 바타 〉 하타 〉 はた(畑, 밭)』

　　[탁음 바(ば) → 청음 하(は)].

(2) 뺨:『뺨 〉 뽐 〉 뾰 〉 뽀오 〉 호오 〉 ほお(頬)』

　　[반탁음 뽀(ぽ) → 청음 호(ほ)]

(3) すくない(少ない): 적다

　　어원은「적다」(어간은 적)

　　『적 〉 저구 〉 주구 〉 ずく 〉 すく』[탁음 ず → 청음 す]

　　「すく+ない(정도가 심하다는 뜻)」

　　「すくない」: 적다

(4) はえる(生える): (초목의 싹이나 가지 등이) 나오다.

　　어원은「패다」(어간은 패)

22

「패다」는 곡식의 이삭 따위가 나오다.

『패 〉 파이 〉 파에 〉 하에 〉 はえ』.[반탁음 파(ぱ) → 청음 하(は)]

「はえ+る(동사·접미어)」

「はえる」: (초목의 싹이나 가지 등이) 나오다

※ 청음화(淸音化)는 우리말이 일본어로 바뀔 때 광범위하게 일어나고 있다.

3. 종성 ㄹ의 변화

우리말 종성 「ㄹ」이 일본어로 바뀔 때, 자음은 「ㄱ, ㅁ, ㅅ, ㅈ, ㅊ, ㄷ」로 바꾸고, 모음 「ㅏ, ㅣ, ㅜ, ㅗ, ㅡ, ㅔ」 등이 붙는다.

(1) 쓰다(쓸): 쓸 〉 쓰가 〉 つか 〉 つか·う(使う, 쓰다, 사용하다)

　　[쓸의 종성 ㄹ이 ㄱ으로 바뀌고 모음 ㅏ가 첨가되어 '가'로 됨]

(2) 별: 별 〉 볼 〉 볼 〉 보시 〉 호시 〉 ほし(星)

　　[볼의 종성 ㄹ이 ㅅ으로 바뀌고 모음 ㅣ가 첨가되어 '시'가 됨]

(3) 벌: 벌 〉 발 〉 바치 〉 하치 〉 はち(蜂, 벌)

　　[발의 종성 ㄹ이 ㅊ으로 바뀌고 모음 ㅣ가 첨가되어 '치'가 됨]

(4) 날(것): 날 〉 나마 〉 なま(生)

　　[날의 종성 ㄹ이 ㅁ으로 바뀌고 모음 ㅏ가 첨가되어 '마'가 됨]

◀ 종성에 ㄹ이 들어간 우리말은, 한 음절의 일본어로 표기가 불가하고, 「두 음절」로 표기된다.

- 술술: するする(순조롭게 진행되는 모양)

- 닭발: タッパル

- 일(一): いち, 팔(八): はち

구 분	단 어	첨가모음
ㄹ → ㄱ	쓰다(쓸): **쏠 〉 쓰가** 〉 つか 〉 つかう(使う, 쓰다, 사용하다)	ㅏ
	짜다(짤): **짤 〉 짜구** 〉 쯔구 〉 つく 〉 つくる(作る, 만들다)	ㅜ
	달(山): **달 〉 다가** 〉 たか 〉 たかい(高い, 높다)	ㅏ
	술 : 술 〉 **살 〉 사게** 〉 さけ(酒, 술)	ㅔ
ㄹ → ㅁ	날(것): **날 〉 나마** 〉 なま(生)	ㅏ
	서리 : 서리 〉 설 〉 **실 〉 시모** 〉 しも(霜)	ㅗ
	칼(카락): **칼 〉 카미** 〉 かみ(髮, 머리털)	ㅣ
ㄹ → ㅅ	별 : 별 〉 볼 〉 **볼 〉 보시** 〉 호시 〉 ほし(星)	ㅣ
	발(:): **발 〉 바시** 〉 하시 〉 はし(橋, 다리)	ㅣ
	쏠다: **쏠 〉 쏘시** 〉 소시 〉 そし 〉 そしる(謗る, 비방하다)	ㅣ
ㄹ → ㅈ	갉다 : 갉 〉 **갈 〉 가지** 〉 かじ 〉 かじる(齧る)	ㅣ
	줄(힘줄): **줄 〉 주지** 〉 즈지 〉 스지 〉 すじ(筋, 힘줄)	ㅣ
ㄹ → ㅊ	벌(蜂): 벌 〉 **발 〉 바치** 〉 하치 〉 はち(蜂, 벌)	ㅣ
	팔(八): **팔 〉 파치** 〉 하치 〉 はち(八)	ㅣ
ㄹ → ㄷ	풀다 : **풀 〉 푸도** 〉 포도 〉 호도 〉 ほど 〉 ほどく(解く)	ㅗ
ㄹ → ㄹ	뎔(절, 寺) : 뎔 〉 델 〉 데라 〉 てら(寺)	ㅏ

(주) 종성 ㄹ 탈락. 「살」(화살, 矢): 『살 〉 사 〉 さ 〉 や』. (ㅅ → ㅇ)

24

4. 촉음 음가(音價)

구분	예	발음	촉음 발음
っ+か행	サッカー	삭카	ㄱ(ㅋ)
っ+さ행	きっさてん	킷사텐	ㅅ
っ+た행	なっとう	낟또	ㄷ
っ+ぱ행	いっぱい	입빠이	ㅂ

* 자음접변(=자음동화) 과 유사: 밥물(밤물), 맛나다(만나다)

(예)

우리말	일본어 표기
목, 못, 몯, 몹	もっ
폭, 폿, 폰, 폽	ぽっ

① 「목, 못, 몯, 몹」을 일본어로 표기하면 촉음 「もっ」으로, 「목, 못, 몯, 몹」은 일본어에서 같은 발음이 된다.

〔목포(木浦) – モッポ〕

② 「폭, 폿, 폰, 폽」을 일본어로 표기하면 촉음 「ぽっ」으로, 「폭, 폿, 폰, 폽」은 일본어에서 같은 발음이 된다.

◀ はば(幅): 폭

어원은 「폭」

『폭 〉폽 〉팝 〉파바 〉하바 〉はば』

*「폭, 폽」=「ぽっ」.
「폭, 폽」은 일본어에서 같은 발음임

◀ 「일본어 종성(終声)자음」은 촉음(っ), 발음(撥音, ん)밖에 없어, 촉음이 우리
말 종성자음에서 여러 개의 음가(音価)를 가지게 된다(한글에서 종성에 올 수
있는 기본 자음은 14개).

5. 순음(脣音, 입술소리) 「ㅂ, ㅁ」의 상호 변화

우리말이 일본어로 바뀔 때 「ㅂ」음이 「ㅁ」음이 바뀌는 말이 있고, 반대로 「ㅁ」
음이 「ㅂ」음으로 바뀌는 말이 있다.

편의상 「ㅂ」음이 「ㅁ」음이 바뀌는 것을 「bmw 변화」, 「ㅁ」음이 「ㅂ」음
으로 바뀌는 것을 「bmw 후진 변화」라 한다.
[b는 ㅂ, m은 ㅁ, w은 word(말)]
* bmw는 자동차의 이름을 딴 것임.

(1) 「ㅂ」음이 「ㅁ」음으로 바뀌는 말(bmw 변화)

① ぬま(沼): 늪

『늪 〉눕 〉누바 〉누마 〉ぬま』. (ㅂ → ㅁ)

② 冷たい(つめたい): 차갑다, 냉정하다

어원은 「찹다」(어간은 찹)

『찹 〉차바 〉츠바 〉츠배 〉츠매 〉つめ』. (ㅂ → ㅁ)

「つめ+たい(그러한 상태임을 나타냄)」→ つめたい

③ 爪(つめ): 손톱, 발톱 [손톱 조(爪)]

어원은 손톱의 「톱」

『톱 〉토배 〉토매 〉또매 〉쯔매 〉つめ』. (ㅂ → ㅁ)

「つめ」 : 손톱, 발톱

④ 亀(かめ): 거북

어원은 「거북」

『거북 〉가북 〉가부 〉가배 〉가매 〉かめ』. (ㅂ → ㅁ)

「かめ」 : 거북

(2) 「ㅁ」음이 「ㅂ」음으로 바뀌는 말(bmw 후진 변화)

① へび(蛇): 뱀

『뱀 〉배미 〉해미 〉해비 〉へび』. (ㅁ → ㅂ)

② 唾(つば): 침

어원은 「춤」(침의 방언)

『춤 〉츰 〉츠마 〉츠바 〉つば』. (ㅁ → ㅂ)

「つば」 : 침

③ 窪(くぼ): 움푹 팸, 구덩이

어원은 「구멍」

『구멍 〉구머 〉구모 〉구보 〉くぼ』. (ㅁ → ㅂ)

「くぼ」 : 움푹 팸, 구덩이

④ 滑る(すべる): 미끄러지다

어원은「썰매」

『썰매 〉 써매 〉 스매 〉 스배 〉 すべ』. (ㅁ → ㅂ)

「すべ+る(동사·접미어)」

썰매가 얼음 위를 미끄러지다.

「すべる」: 미끄러지다

※ 나라(奈良), 헤이안(平安) 시대에 「ㅂ」 음이 「ㅁ」 음으로 바뀌는 경향이 있었고,
　가마쿠라(鎌倉) 시대 이후에는 「ㅁ」 음이 「ㅂ」 음으로 바뀌는 경향이 있다.

1장

명사

(名詞)

01　**間(あいだ): 사이, 간격** [사이 간(間)]

어원은 「사이」

『사이 〉 아이 〉 あい』. (ㅅ → ㅇ)

「あい+だ(접미어)」

「あいだ」: 사이, 간격

《ㅅ → ㅇ》 변화

① こさめ(小雨, 가랑비) → あめ(雨, 비)

② 살(화살)의 변화

　「살 → 사(さ, 고어) → 야(や, 矢. 화살)

③ えび(海老): 새우

　어원은 「새비」(새우의 방언)

　『새비 〉 애비 〉 えび』 (ㅅ → ㅇ).

　「えび」: 새우

02 秋(あき): 가을 [가을 추(秋)]

어원은 가을의 옛말 「ᄀᆞ을」의 「을」

「가을」은 알곡(알穀)을 수확하는 계절이므로,

「ᄀᆞ을」의 「을」을 「알곡」의 「알」로 볼 수 있다.

『을 〉알 〉아기 〉あき』. ('알'의 ㄹ → ㄱ+ㅣ=기)

「あき」: 가을

 우리말 종성 「ㄹ」이 일본어로 바뀔 때, 자음이

「ㄱ, ㅁ, ㅅ, ㅈ, ㅊ, ㄷ」으로 바뀌며 모음(ㅣ, ㅡ, ㅏ 등)이 붙는다.

 일본 어원설

「あかい(赤い, 붉은)+きせつ(季節, 계절)」→ あき

단풍이 붉은 계절이 가을이다.

「あき」: 가을

03 朝(あさ): 아침 [아침 조(朝)]

어원 2가지를 설명하면 다음과 같다.

① 어원은 「아사달」

단군 조선의 수도 「아사달」은 밝은 땅,

「아침」의 나라를 의미

「아사(달)〉아사〉あさ」

「あさ」: 아침

② 어원은 「아츰」(아침의 방언)

『아츰〉아츠〉아쓰〉아사〉あさ』

「あさ」: 아침

04 味(あじ): 맛 [맛 미(味)]

어원은 「맛」

『맛〉앗〉앚〉아지〉あじ』.(ㅁ→ㅇ)

「あじ」: 맛

  * 味わう(あじわう): 맛보다 まずい(맛없다), あまい(달다), うまい(맛있다).

Aあ 《ㅁ→ㅇ》 변화

① すみません → すいません(미안합니다)

② いくつ(幾つ): 몇, 몇 개, 몇 살

    어원은 「몇」

    『몇〉및〉믹〉미구〉이구〉いく』.

    (ㅁ → ㅇ)

    「いく+つ(수치 그 자체, 또는 개수·연령을 나타내는 말)」

    「いくつ」: 몇, 몇 개, 몇 살

    * 「및, 믹」을 일본어로 표기하면 촉음 「みっ」으로, 「및, 믹」은 일본어에서
      같은 발음임.

---

③ あたる(当る): 맞다

　어원은 「맞다」(어간은 맞)

　『맞 〉앚 〉앋 〉아다 〉あた』.(ㅁ → ㅇ)

　「あた+る(동사·접미어)」

　「あたる」: 맞다

④ うしろ(後ろ, 뒤): むしろ → うしろ (16번 참조)

05 足(あし): 발 [발 족(足)]

어원은 「아리」(다리, 발의 옛말)

『아리 〉아시 〉あし』

「あし」: 발

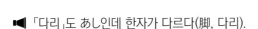 「다리」도 あし인데 한자가 다르다(脚, 다리).

◀ 跡(あと): 자취, 흔적, 자국

　あし(발)+と(= ところ, 所, 장소) → あと(跡, 자취)

06 頭(あたま): 머리 [머리 두(頭)]

어원은 「우두머리」

『우두머 〉 아다마 〉 あたま』

「あたま」: 머리

■) 일본어에는 음성모음 「ㅓ, ㅕ, ㅡ」 발음이 없어 양성
　　모음인 「ㅏ, ㅗ」 등으로 바뀐다(서울: ソウル).

07　兄(あに): 형 [형 형(兄)]

어원은 「언니」

『언니 〉 어니 〉 아니 〉 あに』

「あに」: 형

08　姉(あね): 언니 [윗누이 자(姉)]

어원은 「언니」

『언니 〉 어니 〉 아니 〉 아네 〉 あね』

「あね」: 언니

■) 「あね」는 「あに」가 바뀐 말임.
　　に는 남성을 가리키고, ね는 여성을 가리킴.

09 　雨(あめ): 비 [비 우(雨)]

어원은 「메마르다」의 「메」.

「메마르다」는 비가 오지 않아 땅에 물기가 없다.

「あ(접두사)+め(메)」

「あめ」 : 비

　* あま(天): 하늘의

◀️ 「메마르다」의 「메」는 고구려어에서 '물'을 의미하는 「미」와 같이 '물'을 의미

　하는 말이다.

10 　家(いえ): 집, 주택 [집 가(家)]

어원은 「이엉」

「이엉」은 짚이나 새 따위로 엮은 것을 말한다.

집의 초기 형태인 움막을 보면 지붕과 벽의 구분 없이, 집 전체가 「이엉」

으로 덮여져 있다.

『이엉 〉 이어 〉 이에 〉 いえ』

「いえ」 : 집, 주택

　* いえぬし(家主, 집주인)

■) ぬし(主, 주인)의 어원은, 「임자」(주인)의 옛말 「님자」

『님자 〉 니자 〉 누자 〉 누지 〉 누시 〉 ぬし』

11 苺, 苺(いちご): 딸기 [딸기 매(苺)]

어원은 「딸기」의 옛말 「쌰올기」의 「올기」

『올기 〉 알기 〉 일기 〉 일고 〉 이치고 〉 いちご』.

['일'의 종성 ㄹ → ㅊ+ㅣ(치)]

「いちご」: 딸기

■) 우리말 종성 「ㄹ」이 일본어로 바뀔 때, 자음이 「ㄱ, ㅁ, ㅅ, ㅈ, ㅊ, ㄷ」으로 바
꿔며, 모음(ㅣ, ㅡ, ㅏ 등)이 붙는다.

12 何時(いつ): 언제

어원은 「언제」

『언제 〉 어제 〉 이제 〉 이즈 〉 いつ』

「いつ」: 언제

 * いつか(何時か): 언젠가

13　犬, 狗(いぬ): 개 [개 견(犬)]

개가 「왕왕」 짖다에서

『왕 〉 완 〉 와누 〉 이누 〉 いぬ』

「いぬ」: 개

14　いま(今): 지금, 현재 [이제 금(今)]

「이마적」은 (현재) 시점에서 지나간 조금 앞의 시기다.

따라서, 「이마」는 「지금, 현재」로 볼 수 있다.

「いま」: 지금, 현재

　* 이마적: 지나간 얼마 동안의 가까운 때(늑근래)

15　上(うえ): 위 [윗 상(上)]

어원은 「우에」(위에)

『우에 〉 うえ』

「うえ」: 위

◀ うわ(上): 위치가 위,

　　うわぎ(上着): 저고리, 상의

16 **後ろ(うしろ): 뒤, 뒤쪽** [뒤 후(後)]

어원을 풀어 쓰면,

「む(身. み의 옛말)+しり(尻, 엉덩이)」

「むしり → むしろ → うしろ」.(ㅁ→ㅇ)

몸 엉덩이 쪽이 몸의 「뒤쪽」이다.

「うしろ」: 뒤, 뒤쪽

◀ 身(み): 몸

　　어원은 「몸」

　　『몸〉모〉무〉む〉み』

◀ しり(尻): 엉덩이, 뒤, 뒤쪽

　　어원은 「쏘리」(꼬리의 고어)

　　『쏘리〉시고리〉시리〉しり』

　　꼬리 쪽이 엉덩이 쪽인 것에서

　　「しり」: 엉덩이

※ 합용병서 ㅅ 음가

　　① 'ㅅ', 'ㄱ'이 모두 발음되었다고 보는 견해도 있고,

　　② 'ㄱ'의 된소리라고 보는 견해도 있으나, 여기서는 ①로 풀이.

38

17 **歌(うた): 노래** [노래 가(歌)]

어원은 「읊다」

「읊다」는 억양을 넣어서 「노래하듯이 시를 읽거나 외다」

『읊다 〉읍따 〉으따 〉우따 〉うた』

(일본어에는 음성모음 ― 발음이 없어 ㅜ, ㅗ 등으로 바뀜)

「うた」: 노래

　* 歌う(うたう): 노래하다

18 **內(うち): 안, 내부, 집안, 우리** [안 내(內)]

어원은 「울」(우리의 준말)

『울 〉우치 〉うち』

「うち」: 안, 내부, 집안, 우리

◀ 우리말 종성 「ㄹ」이 일본어로 바뀔 때, 자음이 「ㄱ, ㅁ, ㅅ, ㅈ, ㅊ, ㄷ」으로 바뀌며, 모음(ㅣ, ―, ㅏ 등)이 붙는다.

19 **海(うみ): 바다** [바다 해(海)]

어원은 「おお(大)+みず(水)」

「바다」는 「큰 물」이라는 뜻이다.

「おおみず 〉おみ 〉うみ」

「うみ」: 바다

20 **繪(え): 그림** [그림 회(絵)]

어원은 絵의 우리 한자음 「그림 회」

『회 〉에 〉え』

「え」: 그림

21 **伯父, 叔父(おじ): 삼촌, 백부**

어원은 「아제」(아저씨의 방언)

『아제 〉오제 〉오지 〉おじ』

「おじ」: 삼촌, 백부

22 音(おと): 소리 [소리 음(音)]

어원은 「통」(떨어지는 소리)

『통 〉 통 〉 토 〉 と』

「お(접두어)+と」 → おと

「おと」 : 소리

23 弟(おとうと): 남동생, 아우 [아우 제(弟)]

어원을 풀어 쓰면,

「おとる(劣る, 못하다, 뒤떨어지다)+ひと(人, 사람)」

「おとひと 〉 おとうと」

「おとうと」 : 남동생, 아우

　* おとる(劣る): 못하다, 뒤떨어지다
　　어원은 「못하다」의 「못」
　　『못 〉 모옷 〉 옷 〉 옫 〉 오도 〉 おと』.(ㅁ → ㅇ)
　　「おと+る(동사·접미어)」
　　「おとる」 : 못하다, 뒤떨어지다

24　男(おとこ): 남자, 사나이 [사내 남(男)]

어원을 풀어 쓰면,

「おとな(大人, 어른)+こ(子, 남자를 뜻함)」→ おとこ

성인 남자를 말함

「おとこ」: 사나이, 남자

　　* おとめ(乙女): 처녀, 소녀

◀ おとな(大人): 어른 (26 참조)

25　一昨日(おととい): 그저께, 아레

어원을 풀어 쓰면,

「おとうと, 弟, 동생)+ひ(日, 날)」

「おとうとひ 〉 おととひ 〉 おととい」

어제보다 동생의 날(그저께)

「おととい」: 그저께, 아레

　　* おととし(一昨年): 재작년

🔍 후지산(富士山) 어원

후지산(富士山, ふじさん)은 시즈오카현(静岡県)과 야마나시현(山梨県)에 걸쳐져 있는 활화산이다.

높이는 해발 3,776m로 일본 최고봉이며, 후지 화산대의 주봉이며 현무암으로 이루어진 원뿔형의 성층화산이다. 산정상에는 지름 약 700m의 화구(火口)가 있다. 옛날부터 영산(霊山)으로 숭배되어 헤이안(平安)시대부터 신앙등산(信仰登山)이 행해졌다.

그리고, 일본 대표 관광지인 후지산 입장료가 최근 3,000엔(관광객 1인당)으로 3배 인상되고, 입산 인원도 4,000명으로 제한되었다고 된다. 야마나시현은 후지산 등산로 '요시다 루트' 5부 능선에 요금소를 설치해 통행료를 걷는다고 한다.

「후지」(후지산의 줄임말)의 일본 측 어원으로 몇 가지가 있는데 「불」과 관련이 있다. 그러면 후지의 가장 설득력 있는 어원을 말하고자 한다.

「후지」(ふじ)의 어원은 「불」(火)이다.
『불 〉부지 〉후지 〉ふじ』

우리말에 「부지깽이」가 있는데, 아궁이에 불을 땔 때에 쓰는 가느스름한 막대기를 말한다. 일본에서 예로부터 영산으로 숭배되어 온 후지산(富士山)의 어원은 바로 우리말 「불」이다.

26 大人(おとな): 어른 [클 대(大)]

어원은 「웃사람」의 「웃」

「웃 〉 욷 〉 우토 〉 오토 〉 おと」

「おと+な(사람을 의미)」→ おとな

「おとな」 : 어른

27 土産(みやげ): 선물

어원을 풀어 쓰면,

「み(御, 존경의 뜻)+あげる(上げる, 주다)」→ みあげ

「みあげ → みやげ」

(남에게) 주는 것(→ 선물)

「みやげ」 : 선물

28 女(おんな): 여자 [계집 녀(女)]

어원은 「에미나」(계집아이 방언)

나라 시대(奈良時代)에는 오미나(をみな)라고 했다.

뒤에 をみな가 발음 변화로 「おんな」로 바뀌었다.

『에미나〉오미나〉온나〉おんな』

「おんな」: 여자

29 顔(かお): 얼굴 [낯 안(顔)]

어원은 「꼴값」의 「꼴」

「꼴값」은 「얼굴값」이다.

따라서 「꼴」은 「얼굴」.

『꼴〉꼬〉고오〉가오〉かお』

「かお」: 얼굴

📢 「가오마담」을 '얼굴마담'의 '일본어투 용어'라고 하는데, 일본어투 용어라고

하는 것 중에는 우리말 어원이 많다.

30 傘(かさ): 우산, 양산 [우산 산(傘)]

어원은 「삿갓」의 「갓」

「우산」은 삿갓처럼 생긴 것에서

『갓〉가사〉かさ』

「かさ」: 우산, 양산

  * かさ(笠): 삿갓

㉛ 風邪(かぜ): 감기, 고뿔

어원은 「곳불」(고뿔의 옛말)의 「곳」

『곳 〉 갓 〉 갖 〉 가제 〉 かぜ』

「かぜ」: 감기

　* かぜをひく(風邪を引く): 감기에 걸리다, 감기 들다.

㉜ 角(かど): 모난 귀퉁이, 길모퉁이 [뿔 각(角)]

어원은 「꺾다」(어간은 꺾)

『꺾 〉 꺽 〉 깍 〉 깓 〉 까도 〉 かど』

꺾인 곳이 모퉁이다.

「かど」: 모난 귀퉁이, 길모퉁이

◀ 「깍, 깓」을 일본어로 표기하면 촉음 「かっ」으로,

　「깍, 깓」은 일본어에서 같은 발음임.

(33) お金(おかね): 돈, 금전 [쇠 금(金)]

풀어 쓰면,

「お(御, 존경·공손·친숙의 뜻)+かね(金. 쇠, 금전, 돈)」

「おかね」: 돈, 금전

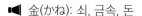

◀ 金(かね): 쇠, 금속, 돈

　어원은 「금」(金)의 우리 한자음 「쇠 금(金)」

　『금 〉감 〉간 〉가네 〉かね』

　「かね」: 쇠, 금속, 돈

　* ん의 음가는 ㄴ, ㅁ, ㅇ

🅰ぁ《우리 한자음이 일본 고유어가 된 말》

(1) 肉(にく): 고기, 살 [고기 육(肉)]

　肉의 우리 한자 발음은 「육」이며, 돈육(豚肉)과 같이 다른 말 뒤로 갈
　때는 「뉵」으로 발음된다. 이 「뉵」이 「にく」로 바뀌었다.

　『뉵 〉뉴구 〉니구 〉にく』

　「にく」: 고기, 살

(2) 蜜(みつ): 꿀 [꿀 밀(蜜)]

　어원은 「꿀」을 뜻하는 「蜜」의 우리 한자음 「밀」

　『밀 〉미츠 〉みつ』

➜ 우리말 종성 「ㄹ」이 일본어로 바뀔 때, 자음이 「ㄱ, ㅁ, ㅅ, ㅈ, ㅊ, ㄷ」으
　로 바뀌며 모음(ㅣ, ㅡ, ㅏ 등)이 붙는다

---

34 **紙(かみ): 종이** [종이 지(紙)]

옛날 종이는 「대쪽을 감은 것」에서, 어원은 「감다」(어간은 감)

『감 〉가미 〉かみ』

「かみ」: 종이

* 책을 세는 단위인 권(巻)은 「감다(말다)」라는 뜻이다.

35 **髪(かみ): 머리 털** [머리 발(髪)]

어원은 「머리칼」의 「칼」. '머리카락'의 준말.

『칼 〉카미 〉かみ』

「かみ」: 머리털

◀◀ 우리말 종성 「ㄹ」이 일본어로 바뀔 때, 자음이 「ㄱ, ㅁ, ㅅ, ㅈ, ㅊ, ㄷ」으로 바
뀌며, 모음(ㅣ, ㅡ, ㅏ 등)이 붙는다.

36 **体(からだ): 몸** [몸 체(体)]

풀어 쓰면,

「から(殻, 껍질)+だ(접미어)」

사람의 「몸」은 영혼과 비교하면 「껍질」에 해당한다.

「からだ」: 몸

から(殻): 껍질

「껍질을 까다」에서, 어원은 「까다」의 활용 「깔」

『깔 〉 까라 〉 から』

「から」 : 껍질

③⑦ 川(かわ): 강, 하천 [내 천(川)]

어원은 「강」

강은 순우리말이다. [강 강(江)이라고 함].

『강 〉 가아 〉 가와 〉 かわ』

「かわ」 : 강, 하천

③⑧ 木(き, こ): 나무 [나무 목(木)]

어원은 「낡기」의 「기」, 나무의 방언

『기 〉 き』

「き」 : 나무

 「こ」는 복합어로 남아 있다.

木陰(こかげ, 나무 그늘), 木の葉(このは, 나뭇잎)

39 果物(くだもの): 과실, 과일

「く(나무의 옛표기)+だ(の의 뜻)+もの(物)」

나무에서 딴 것

「くだもの」: 과실, 과일

◀ く(木, 나무)의 어원

　く(木, 나무)의 어원

　어원은 나무의 방언 「남구」의 「구」

40 籤(くじ): 제비, 추첨 [제비 첨(籤)]

어원은 「꼬치」(꼬챙이)

『꼬치 〉 꼬시 〉 꾸시 〉 꾸지 〉 くじ』

제비는 꼬챙이 같은 나무로 만들어 사용한 데서 유래

「くじ」: 제비, 추첨

　* 宝くじ(たからくじ): 복권

41 薬(くすり): 약 [약 약(薬)]

어원은 「굿」

「굿」을 하는 목적은 무엇을 좋게 하기 위한 행위이다.

약도 아픈 몸을 좋게 하는 것이다.

『굿 〉 구스 〉 구스리 〉くすり』

「くすり」: 약

靴(くつ): 구두, 신 [신 화(靴)]

어원은 살갗의 「갗」(가죽)

『갗 〉 가츠 〉 구츠 〉くつ』

가죽신이 구두다.

「くつ」: 구두, 신

◀ 우리나라 일부에서 「구두」가 일본의 くつ에서 유래되었다고 잘못 주장되고
   있으나, 반대로 일본에서는 くつ가 우리말 「갗」에서 유래되었다고 한다.
   갗신(가죽신)이 구두다.

 國(くに): 나라, 국가 [나라 국(国)]

어원은 「인군」(人君, 임금)의 「군」

『군 〉 구니 〉くに』

인군(임금)은 나라를 다스리는 나라님이다.

「くに」: 나라, 국가

■◀ 국가(国家)는 「큰 집」을 뜻하므로, 「큰」을 어원으로 볼 수 있다.

『큰 〉 크니 〉 쿠니 〉 くに』

「くに」: 국가, 나라

44 車(くるま): 차, 자동차 [수레 차(車)]

어원은 「くるくる」(뱅글뱅글 회전하는 모양, 구르는 모양)
굴러서 가는 것, 자동차를 말한다.
「くるま」: 차, 자동차

■◀ くるくる: 구르는 모양, 뱅글뱅글 회전하는 모양

어원은 「구르다」

『구르 〉 구루 〉 くる』

「くるくる」: 구르는 모양, 뱅글뱅글 회전하는 모양

* 「구르는 말(馬, 마)」이 자동차다.

45 今朝(けさ): 오늘 아침

어원을 풀어 쓰면,

「け(日, 날의 뜻)+あさ(朝, 아침)」

「けあさ → けさ」. 오날(오늘) 아침

「けさ」: 오늘 아침

■) け(日): 날의 뜻

　어원은 「그저께」의 「께」.

　「그저께」는 어제의 전날로, 「께」는 '날'의 뜻

　『께 〉 け』

　* ふつか(二日)의 「か」(日)의 어원도 '날'의 뜻인 「께」이다.
　　『께 〉 까 〉 か』

46　**聲(こえ): 소리** [소리 성(声)]

어원은 「고:하다」의 「고:」(고는 장음)

「고:하다」는 「말하다」라는 뜻이고, 순우리말이다(고할 告).

『고: 〉 고오 〉 고에 〉 こえ」

소리 내어 말하다

「こえ」: 소리

　* 「声(こえ)」는 동물(사람 포함)이 울거나 말할 때 생리적으로 내는 소리이다.
　　こえ(声) 이외에 들리는 것은 모두 「おと(音)」이다.

47　言(こと): 말 [말씀 언(言)]

어원은 「고하다」(말하다)의 「고」의 명사형이 「곧」

『곧 〉 고도 〉 こと』

「こと」: 말

　* 곧이듣다: 말하는 대로 듣다(남의 말을 듣고 그대로 믿다)

◀ 言葉(ことば, 말)는 뒤에 나온 말이고, 예전에는 こと(言)를 일반적으로 사용
　했다고 한다.

48　塵(ごみ): 쓰레기, 먼지 [티끌 진(塵)]

어원은 「검부러기」(검불의 부스러기)의 「검」

「검불」은 마른 나뭇가지, 마른 풀, 낙엽 등을 말함.

『검 〉 곰 〉 고미 〉 ごみ』.

　* 현대 쓰레기는 종이류·비닐류가 대부분, 옛날 쓰레기는 초목의 부스러기.

49　魚(さかな): 물고기, 생선 [물고기 어(魚)]

어원을 풀어 쓰면,

「さか(酒, 술의)+な(부식물을 뜻함)」

에도(江戸) 시대 이후 술안주로 생선을 많이 사용했기 때문에 생선을
「さかな」로 부르게 되었다고 한다.

「さかな」: 물고기, 생선

◀ さけ(酒): 술

　술은 곡물을 「삭게」(발효되게) 한 것이다.

　『삭게 〉 사께 〉 さけ』

　「さけ」: 술

　* さか: 술의

50　先(さき): 앞 [먼저 선(先)]

어원은 「싹」

「앞」에 나는 잎이 「싹」이다.

『싹 〉 싸기 〉 さき』

「さき」: 앞

　* さきほど(先程): 조금 전, 아까

51 **塩(しお): 소금** [소금 염(塩)]

어원은 「소금」의 「소」

『소 〉 시오 〉 しお』

「しお」: 소금

  * 소금 = 소+금(합성어)

「소나기」의 어원

「소나기」는 갑자기 세차게 쏟아지다가 곧 그치는 비이고, 특히 여름에 많으며 번개나 천둥, 강풍 따위를 동반한다. 「소낙비」라고도 한다. 소나기는 세차게 오는 비라서 비 듣는 소리도 요란하고, 또 하늘에서 번개 치며 뒤따르는 천둥소리는 정말 요란하다.

영어의 「sonic」이란 말이 있다. 「소리의, 음(파)의, 음속의」라는 뜻이다. 초음속을 돌파할 때 나는 소리를 소닉붐(sonic boom) 현상이라고 한다. 「소낙비」의 「소낙」과 「sonic」의 어원은 같다.

정리하면 「소낙비」는 큰 소리가 나는 비란 뜻이며, 어원은 「소리」이다. 그리고 「소낙」이란 말은 「소락빼기」(성질을 내며 큰소리를 치는 것)의 「소락」에서 나온 말이다(소락 〉 소낙). 「소나기」는 「소낙비」에서 「비」가 생략된 말이다(소낙 〉 소나기).

일본어로 소낙비는 夕立(ゆうだち), 俄か雨(にわかあめ)라고 한다. 비의 표현에서 우리의 소낙비를 따라오지 못하는 이름이라 하겠다.

※ にわか(俄): 갑작스러운 모양, 곧, 즉시, 당장
  어원은 「냉큼」
  「냉큼」은 머뭇거리지 않고 단번에 빨리, 즉각, 당장의 뜻
  『냉큼 〉 닝큼 〉 닝크 〉 니와크 〉 니와카 〉 にわか』
  「にわか」: 갑작스러운 모양, 곧, 즉시, 당장.

52　島(しま): 섬 [섬 도(島)]

어원은 「섬」

『섬 〉 서마 〉 시마 〉 しま』

「しま」: 섬

53　背(せ): 등, 신장, 키 [등 배(背)]

어원은 「곱새」(곱사의 방언)

곱새(곱사)는 '등뼈가 굽어 큰 혹같이 불거진 등'

「곱새」: 「곱다(한쪽으로 약간 휘다)+새(등을 의미)」

『새 〉 せ』

「せ」: 등, 신장, 키

54　世話(せわ): 도와줌, 보살핌, 시중듦, 폐

어원은 「수발」(신변 가까이에서 여러 가지 시중을 듦)

『수발 〉 세발 〉 세알 〉 세아 〉 세와 〉 せわ』.(ㅂ 탈락)

「せわ」: 도와줌, 보살핌, 시중듦, 폐

■◀ 「ㅂ」 탈락

- 십월(十月): 십월 → 시뷜 → 시월
- 무겁다: 무거버 → 무거워

55 **外(そと): 바깥, 밖, 겉** [바깥 외(外)]

어원은 「쏟다」(어간은 쏟)

「쏟다」는 액체나 물질을 용기 「바깥」으로 나오게 하다.

『쏟 〉 쏘도 〉 そと』

「そと」 : 바깥, 밖, 겉

56 **空(そら): 하늘** [빌 공(空)]

어원은 「솔개」의 「솔」

솔개는 「하늘을 나는 사나운 개 같은 새」(수릿과)를 말한다.

『솔 〉 소라 〉 そら』

「そら」 : 하늘

- * あおぞら(青空): 파랗게 갠 하늘
- * よぞら(夜空): 밤하늘

57 宝(たから): 보물 [보배 보(宝)]

풀어 쓰면,

「たかい(高い, 비싸다)+ら(접미어)」

비싼 것

「たから」: 보물

58 食べ物(たべもの) : 음식물, 먹을 것 [먹을 식(食)]

풀어 쓰면,

「たべる(食べる, 먹다)+もの(物. 것, 물건)」

「たべもの」: 먹을 것, 음식물

◀ 食べる(たべる): 먹다(256번 참조)

◀ 食う(くう): 먹다

어원은 「끼니」의 「끼」

「끼」를 동사화한 말이 「くう」

『끼 〉꾸 〉くう』

「くう」: 먹다

* 「끼니」 : 날마다 일정한 시간에 먹는 밥(아침, 점심, 저녁)

59 **血(ち): 피, 혈액, 핏줄** [피 혈(血)]

어원은 「선지」의 「지」

「선지」는 짐승을 잡아서 받은 피를 말하는데 잡아서 갓 뺀 '피'이다.

한자로 쓰면 「鮮지」라 할 수 있다.

일본어로 「선지」를 せんけつ(鮮血, 생생한 피)라 한다.

『지 〉 ち』

「ち」 : 피, 혈액, 핏줄

60 **月(つき): 달** [달 월(月)]

어원은 「짝」

해의 짝이 「달」인 것에서

『짝 〉 짜구 〉 쯔구 〉 つく 〉 つき』.(つく는 고어).

「つき」 : 달

◀ 「달」이 직접 변화한 것으로도 설명이 가능하다.

　『달 〉 다기 〉 드기 〉 뜨기 〉 つき』

61 机(つくえ): 책상 [책상 궤(机)]

어원은 「책상」의 「책」

「책」은 '책 책(冊)'으로 순우리말이다.

『책 〉 채구 〉 츠구 〉 つく』

「つく+え(접미어)」

「つくえ」: 책상

62 つもり: (속)셈, 생각, 예정, 작정, 의도

어원은 「속셈」의 「셈」

『셈 〉 세모 〉 스모 〉 쓰모 〉 つも 〉 つも·り』

「つもり」: (속)셈, 생각, 예정, 작정, 의도

63 寺(てら): 절 [절 사(寺)]

어원은 「뎔」(절의 옛말)

『뎔 〉 댈 〉 대라 〉 てら』

「てら」: 절

64 **所, 處(ところ): 곳, 장소** [바 소(所), 곳 처(処)]

ところ는「と+こ+ろ」

① 「と」는 「터」가 「と」로 바뀐 말 [터 〉 토 〉 と]

② 「こ」는 「곳」이 「こ」로 바뀐 말 [곳 〉 고 〉 こ]

③ 「ろ」는 접미어

　＊ 일본어에는 음성모음 「ㅓ」가 없어 「ㅗ」로 바뀜

65 **年, 歲(とし): 해, 나이** [해 년(年)]

어원은 「돌」(예전에는 '돐'로도 표기)

「돌」은 특정한 날이 해마다 돌아올 때,

그 횟수를 세는 단위(해를 세는 단위).

『돌 〉 도시 〉 とし』

「とし」: 해, 나이

　• おないどし(おない年, 同い年) : 동갑, 같은 나이
　　(おなじどし → おないどし)

◼ 우리말 종성 「ㄹ」이 일본어로 바뀔 때, 자음이 「ㄱ, ㅁ, ㅅ, ㅈ, ㅊ, ㄷ」으로 바
　 뀌며 모음(ㅣ, ㅡ, ㅏ 등)이 붙는다.

66 **隣り(となり): 이웃** [이웃 린(隣)]

となる(隣る, 이웃하다) → となり(이웃)

隣る(となる): 이웃하다

풀어 쓰면 「と(門, 문)+なる(되다)」

문을 서로 같이하게 되다(→ 이웃하다).

「となる」: 이웃하다

🔊 と(門): 문

　　어원은 「돌쩌귀」의 「돌」(북한은 門쩌귀라 함)

　　「돌쩌귀」는 문짝을 문설주에 달아 여닫는 데 쓰는 두 개의 쇠붙이.

　　『돌 〉 도 〉 と』

　　「と」: 문

🔊 「돌쩌귀」의 「돌」은 영어 door와 동근(同根).

67 **友(とも): 동무, 벗, 친구** [벗 우(友)]

어원은 「동무」

『동무 〉 도무 〉 도모 〉 とも』

「とも」: 동무, 벗, 친구

　* 友達(ともだち): 동무, 친구

68

68 鳥(とり): 새 [새 조(鳥)]

어원은 「닭」. 닭의 알은 「달걀」

『닭 〉 달 〉 다리 〉 도리 〉 とり』

「とり」: 새

* とぶ(飛ぶ, 날다)도 「とり」에서 유래.

◀ 암꿩을 「까투리」라고 하는데, 「까투리」의 「투리」가 새(とり)를 의미
　 「닭도리탕」을 '일본어투 용어'라고 하나, '도리'는 우리말임.

69 夏(なつ): 여름 [여름 하(夏)]

어원은 「여름」의 옛말인 「녀름」

『녀름 〉 냐름 〉 나르 〉 나츠 〉 なつ』

「なつ」: 여름

* 夏休み(なつやすみ): 여름휴가
* 옛말인 「녀름」이 「여름」으로 바뀐 것은 「ㄴ 두음법칙」에 의한 것임

匂い(におい): 냄새, 향내 [향내 내(匂)]

어원은 「내음」

『내음 〉 니음 〉 니응 〉 니으이 〉 니오이 〉におい』

「におい」 : 냄새, 향내

 * ん의 소리값: ㄴ, ㅁ, ㅇ

 肉(にく): 고기, 살 [고기 육(肉)]

肉의 음독은 「にく」이며, 오음(呉音)이다.

肉의 우리 한자 발음은 「육」이며, 돈육(豚肉)과 같이 다른 말 뒤로 갈 때
는 「뉵」으로 발음된다. 이 「뉵」이 「にく」로 바뀌었다.

『뉵 〉 뉴구 〉 니구 〉にく』

「にく」 : 고기, 살

📢 오음(呉音)과 한음(漢音)

　① 오음(呉音): 한음(漢音)이 전달되기 훨씬 전에 한반도를 거쳐 일본에 정
　　착한 한자음. 우리 발음과 유사한 것이 많다.

　② 한음(漢音): 7-8세기 나라(奈良) 시대 후기부터 헤이안(平安) 시대 초기
　　까지 당에 파견한 사절단이나 유학승(留学僧) 등에 의해 전달된 한자음.

<발음 구분>

   ① 大学(だいがく, 대학): だい는 오음

      大した(たいした, 대단한): たい는 한음

   ② 木材(もくざい, 목재): もく는 오음

      大木(たいぼく, 거목): ぼく는 한음

 西(にし): 서쪽 [서녘 서(西)]

어원은 「눕다」(어간은 눕)

해가 눕는 방향이 서쪽이다.

『눕 〉닙 〉닛 〉니시 〉にし』

「にし」: 서쪽

  * 「닙, 닛」을 일본어로 표기하면 촉음 「にっ」으로, 「닙, 닛」은 일본어에서 같은 발음임

◀ 일본어에는 종성자음이 촉음(っ)과 발음(ん)밖에 없어, 촉음이 우리말 종성 자음에서 여러 개의 음가를 가짐(한글에서 종성에 올 수 있는 기본 자음: 14개).

◀ 「해가 "뉘엿뉘엿" 서산(西山)에 기울다」에서, "뉘엿뉘엿"은 해가 곧 지려고 산이나 지평선 너머로 조금씩 차츰 넘어가는 모양을 말한다. "뉘엿"의 발음변화는 다음과 같다.

『뉘엿 〉 니엇 〉 닛 〉 니시 〉 にし』.

「にし」: 서쪽

73 荷(に): 짐 [멜 하(荷)]

어원은 「니다」(어간은 니). '이다'의 옛말

옛날엔 「짐」을 머리에 니고(이고) 다닌 것에서

「に」: 짐

* にもつ(荷物): 짐, 화물(하물)
* てにもつ(手荷物): 수하물

74 庭(にわ): 정원, 뜰 [뜰 정(庭)]

「なにわ」(難波)는 오사카(大阪)시와 그 부근의

옛 이름이다.

지명의 어원으로 여러 설이 있는데, 그중 물고기가 많이 잡히는 곳이라

는 설이 있다. 즉, 「물고기의 천국(정원)」이라는 뜻이다.

「な(=さかな, 魚, 생선)+にわ(庭, 정원)」 → なにわ

「にわ」: 정원, 뜰

◀ 「なにわ」(難波)의 또 다른 설

「なにわ」의 「な」는 고대 조선어로 태양을 의미한다. (「날 日」, 날 〉 나 〉 な)

「にわ」는 장소를 뜻하는데, 「해가 뜨는 성스러운 곳」이라는 의미다.

75 猫(ねこ): 고양이 [고양이 묘(猫)]

우는 소리 「냐옹」(ニャー, ニャン, 야옹)에서

『냐~ 〉 내 〉 ね』

「ね+こ(애칭의 뜻)」

「ねこ」: 고양이

76 値(ね): 값, 가격 [값 치(値)]

어원은 「냥」(엽전을 세는 단위)

『냥 〉 냐 〉 내 〉 ね』

「ね」: 값, 가격

　* ねだん(値段): 값, 가격

喉(のど): 목구멍 [목구멍 후(喉)]

어원을 풀어 쓰면,

「のむ(飲む, 마시다)+と(戸·門, 문)」

「のむと 〉 のと 〉 のど」

마시는 문이 목구멍이다.

「のど」: 목구멍

◀ と(戸, 門) : 문짝, 문

어원은 「돌쩌귀」의 「돌」(북한은 '문쩌귀'라 함)

돌쩌귀는 문짝을 문설주에 달아 여닫는 데 쓰는 두 개의 쇠붙이.

『돌 〉 도 〉 と』

「と」 : 문짝, 문

 * 「돌」은 문을 뜻하는 영어의 「door」와 같은 뿌리임(同根)

💡 「사무치다」의 어원(語源) 외

사무치다를 풀어쓰면, 「사(화살)+묻히다」. 즉 화살이 몸에 박혀서 묻혀 버리는 것을 말한다. 옛날 전쟁에서 화살을 맞아 몸에 박혀서 묻히면 화살대는 손으로 뽑아낼 수 있겠지만, 화살촉은 갈고리 모양으로 되어 있어 쉽게 빼낼 수 없다. 더구나 화살촉이 뼛속에 박히면 정말 설상가상이다. 물론 항생제 같은 약도 없어 살이 썩어 가면서 시름시름 앓다가 죽어야 했다. 그 고통이 얼마나 클까는 말로 표현하기 어려울 것이다.

요즘도 전쟁 중 맞은 총알이 뼈에 박힌 채 살아가는 사람이 있다고 한다. 이 말은 지금은 절실한 감정이 가슴에 남아 풀어지지 않을 때 사용한다. 「살」(화살)이 일본으로 건너가 「さ」가 되었고 현대어로 「や」(矢)가 되었다.

〈어서 오세요, 와세다(早稲田, わせだ) 대학으로!〉

우스갯소리로 일본에서 가장 센 대학이 「와, 세다」 대학이라고 한다. 그런데, 들어가기 어려운 대학이겠지만 「어서」 오라고 하는 대학이 와세다 대학이다. 이 유인즉 「와세다」의 「와세」(早稲, わせ)가 「올벼」라는 뜻이고, 어원은 우리말 「어

서」라고 한다(어서 〉 와세). [金沢庄三郎(かなざわ しょうざぶろう), 1872-1967]

「わせ」(早稲, 올벼)의 어원은 「올벼」의 「올」로 설명할 수 있다.

『올 〉 왈 〉 와세 〉 わせ』.

「올벼」는 일찍 익는 벼를 말한다. 반대로 늦벼는 「おくて」(晚稲)라고 한다.

78 飲む(のむ): 마시다 [마실 음(飲)]

어원은 (물을) 「넘기다」의 「넘」

『넘 〉 너무 〉 노무 〉 のむ』

물을 넘기다(→ 물을 마시다)

「のむ」: 마시다

* 마시다: 물이나 술 등을 목구멍으로 「넘기다」

79 歯(は): 이, 이빨 [이 치(歯)]

어원은 「이빨」의 「빨」

『빨 〉 빠 〉 하 〉 は』. [반탁음 빠(ぱ) → 청음 하(は)]

「は」: 이, 이빨

80 箱(はこ): 상자 [상자 상(箱)]

어원은 바구니의 옛말 「바고니」(어근은 바고)

『바고 〉 하고 〉 はこ』. [탁음 바(ば) → 청음 하(は)]

「はこ」: 상자

* ごみばこ(ごみ箱): 휴지통

81 箸(はし): 젓가락 [젓가락 저(箸)]

어원은 「はし」(橋, 다리)

젓가락은 음식물을 그릇에서 입까지 옮겨주는

다리 역할을 하기 때문이다.

「はし」: 젓가락

82 橋(はし): 다리, 교량 [다리 교(橋)]

어원은 「발(발:)」

「발」은 「가늘고 긴 대(나무)를 줄로 엮은 물건」을 말한다.

지금은 창, 출입구 등 실내를 가리는 데 쓰인다.

「다리」 하면 웅장한 이순신 대교, 인천대교 등 거대한 구조물을 먼저

떠올리지만, 옛날 다리는 정말 소박했다. 자주 다니는 개울에 긴 나무를

나란히 몇 개 엮어 걸쳐 놓으면 이것이 「다리」다.

『발: 〉 바시 〉 하시 〉 はし』. [탁음 바(ば) → 청음 하(は)]

「はし」: 다리, 교량

◀ 우리말 종성 「ㄹ」이 일본어로 바뀔 때, 자음이 「ㄱ, ㅁ, ㅅ, ㅈ, ㅊ, ㄷ」으로 바
  뀌며 모음(ㅣ, ㅡ, ㅏ 등)이 붙는다.

83 **初(はつ): 처음, 첫** [처음 초(初)]

어원은 「풋」(풋은 처음, 미숙함)

『풋 〉 팟 〉 팣 〉 파츠 〉 하츠 〉 はつ』. [반탁음 파(ぱ) → 청음 하(は)]

「はつ」: 첫

 * 初恋(はつこい): 첫사랑

84 **花(はな): 꽃** [꽃 화(花)]

어원은 「꽃봉」의 「봉」

「꽃봉」은 망울만 맺히고 아직 피지 아니한 꽃.

『봉 〉 방 〉 반 〉 바나 〉 하나 〉 はな』. [탁음 바(ば) → 청음 하(は)]

「はな」: 꽃

◀ ん의 음가는 ㄴ, ㅁ, ㅇ

85 **鼻(はな): 코** [코 비(鼻)]

어원은 「코빵이」의 어근 「코빵」의 「빵」. '코빼기'의 방언.

빵은 코를 기리키는 말이다(異音同義語)

『빵 〉빵 〉빤 〉빠나 〉하나 〉はな』.

[반탁음 빠(ぱ) → 청음 하(は)]

「はな」: 코

86 　春(はる): 봄 [봄 춘(春)]

어원은 「はる」(張る, 뻗다)

봄은 새 가지가 뻗는 계절인 것에서

「はる」: 봄

 はる(張る): 뻗다

　어원은 「뻗다」(어간은 뻗)

　『뻗 〉뻐 〉빠 〉하 〉は』. [반탁음 빠(ぱ) → 청음 하(は)]

　「は+る(동사·접미어)」

　「はる」: 뻗다

87 　東(ひがし): 동쪽 [동녘 동(東)]

어원은 「해머리」

하루 해의 「첫머리」(날이 밝기 시작하는 첫 시기)가 「동쪽」이다.

「ひ(日, 해)+かしら(頭, 머리)」

「ひかしら → ひかし → ひがし」

「ひがし」: 동쪽

◀ かしら(頭): 머리, 두목

　어원은 「갓」

　『갓 〉 가시 〉 かし』

　「かし+ら(접미어)」

　갓은 「머리」에 쓰는 물건이다.

　「かしら」: 머리, 두목

(88) **平(ひら): 평평함, 평평한 것** [평평할 평(平)]

어원은 「벌」(넓고 평평하게 생긴 땅).

『벌 〉 빌 〉 비라 〉 히라 〉 ひら』. [탁음 비(び) → 청음 히(ひ)]

「벌」은 평평한 땅이다

「ひら」: 평평함, 보통

(89) **晝(ひる): 낮** [낮 주(晝)]

어원을 풀어 쓰면,

「ひ(日, 해)+いる(居る, 있다)」

「ひいる 〉ひる」

해가 있을 때가 낮이다.

「ひる」: 낮

 船(ふね): 배 [배 선(船)]

어원은 「배」

『배 〉부내 〉후내 〉ふね』.

[탁음 부(ぶ) → 청음 후(ふ)]

「ふね」: 배

　* 舟遊び(ふなあそび): 뱃놀이(「배의」 뜻으로 쓰일 때는 「ふな」로 바뀜)

 「뱃노래, 뱃놀이」를 발음할 때는 「밴노래, 밴노리」가 되어,

　　배가 「밴」으로 발음된다. (밴 〉배내 〉부내 〉후내 〉ふね)

 筆(ふで): 붓 [붓 필(筆)]

어원은 「붓」

『붓 〉붇 〉부대 〉후대 〉ふで』.

[탁음 부(ぶ) → 청음 후(ふ)]

「ふで」: 붓

風呂(ふろ): 목욕, 목욕탕

어원은 「훌렁」(의태 부사)

「훌렁」은 속의 것이 시원스럽게 드러나도록 완전히 벗어지는 모양.

『훌렁 〉후러 〉후로 〉ふろ』

목욕탕에 들어갈 때 옷을 훌렁 벗고 들어가는 것에서

「ふろ」: 목욕, 목욕탕

◀ 우리말은 의성어·의태어가 발달되어 있다. 의성부사·의태부사도 어원(語源)

  이 될 수 있다.

93 部屋(へや): 방, 헛간

어원은 「헛간(헛間)」의 「헛」

『헛 〉햇 〉햏 〉해햐 〉해야 〉へや』

헛간은 물건을 쌓아두는 방이다.

「へや」 : 방, 헛간

◀ 「헛」은 영어 「hut」과 동근(同根)이라 할 수 있다.

  「hut」은 간단하게 집·쉼터로 지은 오두막(막사)을 말한다.

  「오두막(幕)」의 어원은 「헛」(hut)이다.

  「헛 〉헏 〉허두 〉호두 〉오두」

94 外, 他(ほか): 다른 것, 딴 것 [바깥 외(外)]

어원은 「밖」

『밖 〉박 〉복 〉보가 〉호가 〉ほか』.

[탁음 보(ぼ) → 청음 호(ほ)]

그 밖에 딴 것(다른 것)

「ほか」: 다른 것, 딴 것

95 星(ほし): 별 [별 성(星)]

어원은 「별」

『별 〉볼 〉볼 〉보시 〉호시 〉ほし』.

[탁음 보(ぼ) → 청음 호(ほ)]

「ほし」: 별

◀ 우리말 종성 「ㄹ」이 일본어로 바뀔 때, 자음이 「ㄱ, ㅁ, ㅅ, ㅈ, ㅊ, ㄷ」으로 바
꾸며 모음(ㅣ, ㅡ, ㅏ 등)이 붙는다.

96 **前(まえ): 앞** [앞 전(前)]

어원을 풀어 쓰면,

「ま(目, 눈)+へ(방향을 나타냄)」

「まへ → まえ」

「まえ」: 앞

97 **町(まち): 집이 많이 모여 있는 구역,**
도회, 번화가 [밭두둑 정(町)]

어원은 「말」(마을의 방언)

『말 〉 마치 〉 まち』

「まち」: 집이 많이 모여 있는 구역, 도회, 번화가

◀ 우리말 종성 「ㄹ」이 일본어로 바뀔 때, 자음이 「ㄱ, ㅁ, ㅅ, ㅈ, ㅊ, ㄷ」으로 바
꾸며 모음(ㅣ, ㅡ, ㅏ 등)이 붙는다.

98 **窓(まど): 창, 창문** [창 창(窓)]

「ま(目, 눈)+と(門, 문)」 → まと → まど
눈으로 보는 문이 「창문」이다.

「まど」: 창, 창문

99　水(み, みず): 물 [물 수(水)]

어원은 「물」

『물 〉 무 〉 미 〉 み 〉 みず』

「みず, み」: 물

　*「み(水)」는 다른 말과 결합한 형태로 쓰인다.
　　みくさ(水草, 수초)

◀ 고구려어(高句麗語)에도 「미」가 「물」을 뜻하는 말로 사용되었다고 한다.

100　店(みせ): 가게, 상점 [가게 점(店)]

어원은 「みせる」(見せる, 보이다)

상품을 진열해 보여서 파는 곳

「みせ」: 가게, 상점

しにせ(老舗): 노포, 전통 있는 유명 가게

어원은 「싱」(형의 방언)

『싱 〉 신 〉 시니 〉 しに』. (ん의 음가는 ㄴ, ㅁ, ㅇ)

「しに+みせ(店, 가게)」→ しにみせ → しにせ

나이가 많은 가게가 노포이다.

「しにせ」: 노포, 전통 있는 유명 가게

* 「싱」(시이~)은 영어 senior(연장자, 손윗사람)와 뿌리가 같은 말이다.

(101) 道(みち): 길 [길 도(道)]

어원을 풀어 쓰면,

「み(御, 존경의 뜻)+じ(路, 길)」

「みじ → みち」

「みち」: 길

  * 山路(やまじ): 산길, 潮路(しおじ): 뱃길

◀ じ(路): 길

  어원은 「길」의 방언인 「질」

  『질 〉 지 〉 じ』

102 南(みなみ): 남쪽 [남녘 남(南)]

어원은 「남」(南)

(동서남북은 한자음이기도 하지만 순우리말이다.)

「み(御, 존경의 뜻)+남(나미)」 → みなみ → みなみ

「みなみ」 : 남쪽

◀ 「남남북녀(南男北女)」라는 말이 있는데, 남쪽에는 미남이(미나미, 美男이)

　　많고 북쪽에는 미녀가 많다는 뜻이다.

103 耳(みみ): 귀 [귀 이(耳)]

어원은 「귀썰미」의 「미」

「귀썰미」는 한번 들으면 잊지 아니하는 귀(재주)를 말한다.

『미+미 〉 미미 〉 みみ』

「みみ」 : 귀

사군자(四君子)

4군자는 매란국죽(梅蘭菊竹)이다.

구분	우리말	일본어
매(梅)	매	うめ(梅)
란(蘭)	란	らん(欄)
국(菊)	국(화)	きく(菊)
죽(竹)	대	たけ(竹)

한일 4군자 이름은 거의 같다.

① うめ(梅)는 「매」에 う가 첨가된 말이고,

② らん(欄)은 「란」과 발음이 같으며,

③ きく(菊)는 「국」이 바뀐 말이며,

④ たけ(竹)는 「대+き(木)」가 たけ로 변한 말로 「대」가 어원이다.

　이런 면에서 보면, 한일 문화의 공통점의 한 면을 엿볼 수 있다.

◀ 菊(きく): 국, 국화

菊은 훈독이 없고 음독이 「きく」(오음, 吳音)

오음은 한반도를 거쳐 일본으로 건너가 정착된 한자음으로 우리의 한자음

과 유사한 것이 많다.

『국 〉 긱 〉 기구 〉 きく』

104 **皆(みな, みんな): 모두, 전부** [다 개(皆)]

어원은 많다의 「많(만)」

많게 해서, 「모두, 전부」라는 뜻이다.

『만 〉 마나 〉 미나, 민나 〉 みな, みんな』

「みな, みんな」: 모두, 전부

105 **昔(むかし): 옛날** [예 석(昔)]

어원은 「묵다」(어간은 묵)

「묵다」는 일정한 때를 지나서 오래된 상태가 되다.

오래된 시대가 「옛날」이다.

『묵 〉 무가 〉 むか』

「むか+し(접미어)」 → むかし(옛날)

106 **娘(むすめ): 딸** [여자 낭(娘)]

이 말을 풀어 쓰면,

「むす(生す, 産す, 생기다)+め(女, 여자를 뜻함)」

여자애가 생긴 것이 「딸」이다.

「むすめ」 : 딸

* むす(生す, 産す): 생기다/임신하여 「무스마」가 생기다

🔊 「무스마」(머스마)는 남자아이를 가리키는 방언이다. 일본에서는 아들을 무
스코(むすこ, 息子)라고 한다.

🔊 め(女)는 여자를 의미, 우리말에도 「아지매, 할매」처럼 여성 명사 뒤에 「매」
가 붙음

107 八百屋(やおや): 채소 가게

어원을 풀어 쓰면,

「あおもの(青物, 야채류)+や(屋, 집)」

「あおもの+や → あおや → やおや」

「やおや」: 채소 가게

🔊 青い(あおい): 파랗다, 푸르다(115 참조)

108 山(やま): 산 [메 산(山)]

어원은 「높다」의 「높」

『높 〉 놉 〉 노바 〉 노마 〉 나마 〉 냐마(nyama) 〉 야마(yama) 〉 やま』.

(ㄴ→ㅇ)

산은 높은 것에서

「やま」: 산

　* 출처: 서정범(국어어원사전)

◀ 「노바〉노마」(bmw 변화, ㅂ → ㅁ)

　「늪」의 발음 변화와 유사하다. [늡〉높〉눕〉누바〉누마〉ぬま(沼)]

109　湯(ゆ): 뜨거운 물 [끓일 탕(湯)]

어원은 「숭늉」의 「늉」

「숭늉」은 밥을 지은 솥에서 밥을 푼 뒤에 물을 붓고 데운 물이다.

『늉〉융〉유〉ゆ』. (ㄴ→ㅇ, 'ㄴ 두음법칙'과 유사)

「ゆ」: 뜨거운 물

110　夕(ゆう): 저녁 [저녁 석(夕)]

어원은 「저녁」의 「녁」

『녁〉늌〉뉴우〉유우〉ゆう』.

(ㄴ→ㅇ, 'ㄴ 두음법칙'과 유사)

「ゆう」: 저녁

　* ゆうひ(夕日, 夕陽): 석양

111 指(ゆび): 손가락 [가리킬 지(指)]

어원은 「움켜잡다」의 「움」

「움켜잡다」는 '손가락'을 우그리어 힘 있게 꽉 잡다.

『움 〉 우미 〉 유미 〉 유비 〉 ゆび』.(ㅁ → ㅂ)

「ゆび」 : 손가락

◀ 「뱀」의 발음 변화와 유사

　『뱀 〉 배미 〉 해미 〉 해비 〉 へび』. (bmw 후진 변화, ㅁ → ㅂ)

112 夢(ゆめ): 꿈 [꿈 몽(夢)]

어원을 풀어 쓰면,

「い(寝. 수면, 잠을 뜻함)+め(目, 눈)」 → いめ

「いめ」가 「ゆめ」로 바뀜.

[いく(行く) → ゆく(行く)로 바뀐 것과 유사]

잘 때 보이는 것

「ゆめ」 : 꿈

◀ い(寝): '수면, 잠'의 뜻

　어원은 잠잘 때 덮는 「이불」의 「이」

113 **横(よこ): 옆, 가로** [가로 횡(橫)]

어원은 「옆」

『옆 〉욥 〉욕 〉요고 〉よこ』

「よこ」 : 옆, 가로

◀ 「욥, 욕」을 일본어로 표기하면 촉음 「よっ」으로, 「욥, 욕」은 일본어에서 같은
발음임.

114 **林檎(りんご): 사과** [능금나무 금(檎)]

사과를 예전에는 「임금」(林檎)이라고 불렀는데
임금(王)과 발음이 비슷하여 「능금」으로 불리게 되었다고 한다.
「林檎」(リンゴン)에서 「檎」의 음독은 「ゴン」으로 오음(吳音)이다.
「リンゴン」이 「リンゴ」로 바뀌었다.
「りんご」 : 사과

형용사

(形容詞)

115 **青い(あおい): 파랗다, 푸르다** [푸를 청(青)]

어원은 「파랗다」(어근은 파)

『파 〉하 〉아아 〉아오 〉あお』.

[반탁음 파(ぱ) → 청음 하(は) → 여린소리 아(あ)]

「あお+い(형용사를 만드는 접미어)」

「あおい」: 파랗다, 푸르다

116 **赤い(あかい): 빨갛다, 붉다** [붉을 적(赤)]

어원은 「빨갛다」

『빨갛 〉빨가 〉빠가 〉하가 〉아가 〉あか』

[반탁음 빠(ぱ) → 청음 하(は) → 여린소리 아(あ)]

「あか+い(형용사를 만드는 접미어)」

「あかい」: 빨갛다, 붉다

117 明るい(あかるい): 밝다, 환하다 [밝을 명(明)]

어원은 「밝다」(어간은 밝)

『밝 〉 바가루 〉 하가루 〉 아가루 〉 あかる』.

[밝 = 바+ㄱ+ㄹ]

[탁음 바(ば) → 청음 하(は) → 여린 소리 (아)]

「あかる+い(형용사를 만드는 접미어)」

「あかるい」: 밝다, 환하다

118 暖かい(あたたかい): 따뜻하다 [따뜻할 난(暖)]

어원은 「따뜻하다」(어근은 따뜻)

『따뜻 〉 따딷 〉 따따 〉 たた』

「あ(접두사)+たた+か(성질, 상태를 나타냄)

+ い(형용사·접미어)」

「あたたかい」: 따뜻하다

 * 暖まる(あたたまる): 따뜻해지다
 * 暖める(あたためる): 따뜻하게 하다

119 **新た(あらた): 새로움** [새 신(新)]

풀어 쓰면,

「あら(新. 신, 새로운)+た(접미어)」

「あらた」: 새로움

  * 新たに(あらたに): 새롭게

120 **新しい(あたらしい): 새롭다** [새 신(新)]

「あらた(새로움)+しい(…하다, …스럽다)」 → あらたしい

「あらたしい」가 「あたらしい」로 어순이 바뀜

「あたらしい」: 새롭다

  🗨️ **あら-(新): 신, 새(로운)**

고어(古語) 「ある(生る)」는 '출생하다'의 뜻이다.

어원은 「알」(卵).

『알 〉 아루, 아라 〉 ある, あら』

「알」에서 "새 생명이 출생하다".

「ある(生る)」는 '출생하다'의 뜻이며, 「あら-(新)」는 '신, 새(로운)'의 뜻이다.

---

121 暑い(あつい): 덥다 [더울 서(暑)]

어원은 「덥다」(어간은 덥)

『덥 〉더 〉つ』

「あ(접두사)+つ+い(형용사를 만드는 접미어)」

「あつい」 : 덥다

122 厚い(あつい): 두껍다, 두텁다 [두터울 후(厚)]

어원은 「툭툭하다」(어근은 툭툭). 꽤 두껍다.

『툭 〉투 〉트 〉つ』

「あ(접두사)+つ+い(형용사를 만드는 접미어)」

「あつい」 : 두껍다, 두텁다

123 危ない(あぶない): 위험하다 [위태할 위(危)]

어원은 「あぶあぶ」(물에 빠져 허우적거리는 모양, 어푸어푸)

「あぶ+ない(정도가 심하다는 뜻)」 → あぶない

물에 빠져 "어푸어푸" 하는 것은 「위험한」 상황이다.

「あぶない」 : 위험하다

◀ あぶあぶ: 어푸어푸(물에 빠져 허우적거리는 모양)

『어푸어푸 〉아푸아푸 〉아부아부 〉あぶあぶ』

124 甘い(あまい): 달다 [달 감(甘)]

어원은 「얌얌」(냠냠)

「얌얌」은 달고 맛있는 음식을 먹는 소리 또는 먹는 모양.

『얌 〉암 〉아마 〉あま』

「あま+い(형용사·접미어)」

「あまい」: 달다

◀ 일본(日本) 어원설

"단맛(あまみ, 甘味)이 나는 것을 먹는 「입 모양」에서 나온 말이다"라는 설이

있다.

125 忙しい(いそがしい): 바쁘다 [바쁠 망(忙)]

어원은 「いそいそ」(어서어서, 허겁지겁)

(1) 「いそいそ」를 동사화한 말이, 「いそぐ(急ぐ)」로 서두르다.

(2) 「いそぐ(急ぐ)」를 형용사화한 말이, 「いそがしい」(바쁘다)

　　「いそぐ→ いそが」+しい(…하다, …스럽다)

■◀ いそいそ: 어서어서

『어서어서 〉 이소이소 〉 いそいそ』.

126 痛い(いたい): 아프다 [아플 통(痛)]

어원은 「아프다」

『아프 〉 이프 〉 잎 〉 입 〉 인 〉 이다 〉 いた』

「いた+い(형용사·접미어)」

「いたい」: 아프다

■◀ 「입, 인」을 일본어로 표기하면 촉음 「いっ」으로, 일본어에서 「입, 인」은 같은
발음임.

127 薄い(うすい): 얇다, 엷다, 연하다 [엷을 박(薄)]

어원은 「엷다」(어간은 엷)

『엷 〉 엽 〉 업 〉 읍 〉 웃 〉 우스 〉 うす』

「うす+い(형용사를 만드는 접미어)」

「うすい」: 얇다, 엷다, 연하다

  * 薄める(うすめる): 엷게 하다

📢 「웁, 웃」을 일본어로 표기하면 촉음 「うっ」으로, 「웁, 웃」은 일본어에서 같은 발음임.

128 美しい(うつくしい): 아름답다 [아름다울 미(美)]

어원은 「어처구니」

『어처구(니) 〉 우츠구 〉 うつく』

「うつく+しい(…하다, …스럽다)」

어처구니는 엄청나게 큰 사람이나 사물을 말하는데,

여기서는 「엄청」의 뜻

엄청 아름답다. [경국지색(傾国之色)이다]

「うつくしい」 : 아름답다

  * 「어처구니」는 「어처구니없다」의 앞말이다.

129 旨い(うまい): 맛있다, 솜씨가 좋다 [뜻 지(旨)]

단(あまい, 甘い) 것은 맛이 있다.

「あまい → うまい」

「あまい」가 「うまい」로 바뀌어 「맛있다」라는 뜻이 됨

「うまい」 : 맛있다, 솜씨가 좋다

💡 복어 이야기

복어는 우리와 아주 친숙한 어류다. 필자도 복어가 복(福)을 가져다주는 생선으로 생각하고 '福魚'라고 알고 있었다. 그런데 오늘 이 복어 얘기를 하려고 사전을 찾아보았더니 「복魚」라고 되어 있다. 그래서 일본어로 복어를 뭐라고 하는지 찾아보니 「ふぐ(河豚)」로 나와 있는데, 한자 의미는 강돼지이다.

복어는 공격을 받으면 배가 볼록해진다. 그래서 「복어」의 「복」도 「볼록하다」라는 뜻이다. 일본에서는 배가 부풀기(ふくらむ, 膨らむ) 때문에 복어를 「ふぐ」라고 하는데, 「ふく」가 「ふぐ」로 바뀌었다고 한다. [일부 지역에서는 복(福)을 의미하는 「ふく」라고 부르고 있음].

그러나, 복어는 우리말 「복어」의 「복」이 일본어로 바뀐 말이다. (복 〉북 〉부구 〉후구 〉ふぐ)

복어알(フグの卵)이나 피에는 테트로도톡신(tetrodotoxin)이라는 맹독이 있어 중독되면 호흡마비로 사망에 이른다고 한다. 그럼에도 불구하고 사람이 복어를 즐기는 것은 복어 요리가 죽도록 맛있기 때문이다.

그러나 지금은 독을 제거한 「복어알집절임」(河豚の卵巣の糠漬け, ふぐのらんそうのぬかづけ)이라는 식품으로 개발되어 판매되고 있는데, 독이 있는 알집을 소금절임과 쌀겨절임으로 3년이 걸려 독을 제거한다고 한다. [이시가와현(石川県)의 향토요리]

◀ 糠(ぬか): 쌀겨

껍질이 붙어 있는 벼 알갱이를 「뉘」라 하며, 방아를 찧고 남은 껍질을 「겨」라고 한다.

「뉘겨」가 「ぬか」로 바뀐 말이다.

『뉘겨 〉 누갸 〉 누가 〉 ぬか』

130 **嬉しい(うれしい): 기쁘다** [아름다울 희(嬉)]

풀어 쓰면,

「うれ(마음을 뜻함)+しい(…하다, …듯하다)」

마음이 즐거운 듯하다(기쁘다).

「うれしい」: 기쁘다

◀ うれ: 마음을 뜻함

　어원은 「얼」(정신, 마음)

　『얼 〉울 〉우래 〉うれ』

　「うれ」: 마음을 뜻함

131 **美味しい(おいしい): 맛있다** [아름다운 미(美)]

「お(御, 존경·친밀의 뜻)+いひ(쌀밥의 옛말)+しい(…하다)」

쌀밥이 맛있다.

「おいひしい 〉 おいしい」

「おいしい」: 맛있다

◀ いひ: 밥의 옛말

　「い(이밥의 이)+ひ(밥이 변해서 된 말)」 → いひ

　『밥 〉바 〉하 〉히 〉ひ』

132 **多い(おおい): 많다** [많을 다(多)]

어원은 「하다」(어간은 하)

「하다」는 「크다, 많다, 높다」의 옛말

『하 〉호 〉오오 〉おお』

「おお(많다의 뜻)+い(형용사를 만드는 접미어)」

「おおい」 : 많다

133 **大きい(おおきい): 크다** [큰 대(大)]

어원은 「하다+크다」

① 「하다」 : 「크다, 많다, 높다」의 옛말

　『하 〉호 〉오오 〉おお』

② 「크다」(어간은 크)

　『크 〉키 〉き』

「おお(크다의 뜻)+き(크다의 뜻)+い(형용사·접미어)」 → おおきい

「おおきい」 : 크다

134 **可笑しい(おかしい): 우습다** [웃음 소(笑)]

어원은 「웃기다」

『웃기 〉 우끼 〉 오끼 〉 오까 〉 おか』

「おか+しい(…스럽다)」

「おかしい」 : 우습다

◀ 일본 어원설

　「おこ(痴, 바보)+しい(…하다, …스럽다)」

　「おこしい」가 「おかしい」로 바뀜

　하는 짓이 바보 같아서 우습다.

　* おこ(痴): 바보
　　어원은 「얼간이」의 「얼간」
　　『얼간 〉 어가 〉 오가 〉 오고 〉 おこ』

135 **遅い(おそい): 늦다, 느리다** [더딜 지(遲)]

어원은 「늦다」(어간은 늦)

『늦 〉 놎 〉 놋 〉 노소 〉 오소 〉 おそ』.

(ㄴ → ㅇ, 'ㄴ두음법칙'과 유사)

「おそ+い(형용사·접미어)」

「おそい」 : 늦다, 느리다

136 重い(おもい): 무겁다, 중하다 [무거울 중(重)]

어원은 「엄지」의 「엄」

「엄」의 어원은 「어머니, 엄마, 어미」에서 유래된 말이고, 크다(大)라는 뜻
도 있다.

『엄 〉 옴 〉 오모 〉 おも』

「おも+い(형용사를 만드는 접미어)」→ おもい

커서 무겁다, 중하다.

「おもい」 : 무겁다, 중하다

137 面白い(おもしろい): 재미있다

「おも(面, 얼굴)+しろい(白い, 희다)」
가부키(かぶき, 歌舞伎) 연극을 할 때 배우가 얼굴을
희게 꾸며서 재미있다.
「おもしろい」 : 재미있다

138 堅い, 固い(かたい): 굳다, 단단하다, 딱딱하다 [굳을 견(堅)]

어원은 「굳다」(어간은 굳)
『굳 〉 갇 〉 가다 〉 かた』

「かた+い(형용사를 만드는 접미어)」

「かたい」: 굳다, 단단하다, 딱딱하다

  * かたまる(固まる, 堅まる): 딱딱해지다

(139) 辛い(からい): 맵다 [매울 신(辛)]

어원은 「칼칼하다」

「칼칼하다」는 맵거나 해서 목을 자극하는 맛이 있다.

『칼〉카라〉から』

「から+い(형용사를 만드는 접미어)」

「からい」: 맵다

(140) 輕い(かるい): 가볍다 [가벼울 경(軽)]

어원은 「갈잎」의 「갈」. '가랑잎'의 준말.

「갈잎」은 활엽수의 마른 잎으로, 가벼워서 바람에 휘날린다.

『갈〉가루〉かる』

「かる+い(형용사를 만드는 접미어)」

「かるい」: 가볍다

⑭ 可愛い(かわいい): 귀엽다, 사랑스럽다

풀어 쓰면,

「か(可)+あい(愛, 사랑)+い(형용사·접미어)」

「かあいい → かわいい」

「かわいい」: 귀엽다, 사랑스럽다

⑭ 黄色(きいろ): 노란색(노랑) [누를 황(黄)]

黄色(きいろ)는 黄이라는 문자 뒤에 굳이 色이 붙는다.

어떤 물건이나 대상을 특정해서 노란색의 상징으로 사용한 것으로 보인다(예, 국방색).

어원은 「금」이다. 금은 누런색(노란색)이다.

『금 〉그 〉기, 고 〉き, こ』

「き+いろ(色, 색)」 → きいろ

「きいろ」: 노란색(노랑)

　* きいろい(黄色い): 노랗다
　* こがね(黄金): 황금

143 汚い(きたない): 더럽다, 불결하다 [더러울 오(汚)]

어원은 「끼다」

「끼다」는 「때나 먼지 따위가 엉겨 붙다」라는 뜻도 있다.

『끼다 〉 きた』

「きた+ない(정도가 심하다는 뜻)」 → きたない

때가 끼어 더럽다.

「きたない」: 더럽다, 불결하다

144 暗い(くらい): 어둡다 [어두울 암(暗)]

어원은 「くろ」(黒, 검정)

「くろ →くら」

「くら+い(형용사를 만드는 접미어)」 → くらい

검정은 어두운 색이다.

「くらい」: 어둡다

145 黒い(くろい): 검다 [검을 흑(黒)]

「くろ(黒, 검정)」 → 「くろい」(黒い, 검다)

黒(くろ): 검정

어원은 「검다」(어간은 검)

『검 〉거 〉구 〉く』

「く+いろ(色)」→ くいろ → くろ

「くろ」: 검정

■) クモ(蜘蛛): 거미

　　어원은 「거미」. 거미는 검은 곤충이다.

　　『거미 〉구미 〉구모 〉くも』

146 詳しい(くわしい): 상세하다, 소상하다 [자세할 상(詳)]

어원은 「곱다」(어간은 곱)

「곱다」는 가루나 알갱이 따위가 아주 잘다(상세하다).

『곱 〉고바 〉구바 〉구하 〉구와 〉くわ』

[탁음 바(ば) → 청음 하(は) → 여린소리 와(わ)]

「くわ+しい(…하다, …스럽다)」

「くわしい」 : 상세하다, 소상하다

147 **細か(こまか): 잔 모양, 자세한 모양** [가늘 세(細)]

어원은 「꼼꼼」의 「꼼」

『꼼 〉 꼬마 〉 こま』

「こま+か(상태, 성질을 나타냄)」

꼼꼼하게 살펴서 자세하게

「こまか」 : 자세한 모양, 잔 모양

 * 細かい(こまかい): 잘다, 자세하다

148 **怖い(こわい): 겁나다, 무섭다** [두려워할 포(怖)]

어원은 「겁나다」의 「겁」

『겁 〉 곱 〉 고바 〉 고하 〉 고와 〉 こわ』

 [탁음 바(ば) → 청음 하(は) → 여린소리 와(わ)]

「こわ+い(형용사를 만드는 접미어)」

「こわい」 : 겁나다, 무섭다

 * こわがる(怖がる, 恐がる): 무서워하다

149 寒い(さむい): 춥다 [찰 한(寒)]

어원은 「쌀쌀하다」의 어근 「쌀쌀」

「쌀쌀하다」는 날씨나 바람 따위가 음산하고 상당히 차갑다.

『쌀 〉 싸무 〉 さむ』

「さむ+い(형용사·접미어)」

「さむい」: 춥다

◀ 우리말 종성 「ㄹ」이 일본어로 바뀔 때, 자음이 「ㄱ, ㅁ, ㅅ, ㅈ, ㅊ, ㄷ」으로 바뀌며 모음(ㅣ, ㅡ, ㅏ, ㅜ 등)이 붙는다.

150 親しい(したしい): 친하다 [친할 친(親)]

어원은 「싯」(매우 짙고 선명하게의 뜻, 싯누렇다).

『싯 〉 싣 〉 시다 〉 した』

「した+しい(…하다, …스럽다)」

매우 짙은 사이다(→ 친하다)

「したしい」: 친하다

151 **白い(しろい): 희다** [흰 백(白)]

「しろ(白, 흰색)+い(형용사·접미어)」→ しろい(희다)

◀ しろ(白): 흰색

어원은 머리가 「시다」(어간은 시). 세다의 방언

『시 〉 し』.

「し+いろ(色)」→ しいろ → しろ

머리가 시어 「흰색」이 되다.

「しろ」: 흰색

152 **少ない(すくない): 적다** [적을 소(少)]

어원은 「적다」(어간은 적)

『적 〉 저구 〉 즈구 〉 <u>ず</u>く 〉 <u>す</u>く』.(탁음 ず → 청음 す)

「すく+ない(정도가 심하다의 뜻)」

「すくない」: 적다

153 凄い(すごい): 굉장하다, 대단하다 [쓸쓸할 처(凄)]

「すぐ(過ぐ. 過ぎる의 문어체)+い(형용사·접미어)」 → すぐい

「すぐい → すごい」

정도가 너무 지나쳐서 「굉장하다」의 뜻.

「すごい」: 굉장하다, 대단하다

◀ すぎる(過ぎる): 지나다, 통과하다

  어원은 「쓱」(빨리 지나가는 모양)

  『쓱 〉 쓰기 〉 すぎ』

  「すぎ+る(동사·접미어)」

  「すぎる」: 지나다, 통과하다

154 涼しい(すずしい): 시원하다, 선선하다 [서늘할 량(涼)]

어원은 「선선하다」(어근은 선선)

『선선 〉 서서 〉 스스 〉 すす』

「すす+しい(…하다, …스럽다)」

「すすしい → すずしい」

「すずしい」: 시원하다, 선선하다

💡 대마도(つしま, 対馬) 이야기

「つしま」(対馬)를 예전에 우리는 「짝섬」(또는 두섬)이라고 불렀다. 대마도는 섬이 상도, 하도의 2개의 섬으로 구성되어 있다[실제는 북쪽의 상도(上島, かみしま), 남쪽의 하도(下島, しもしま)가 가늘게 연결되어 있어 하나의 섬이라 할 수 있다(그리고 뒤에 이곳에 운하를 건설함).

짝섬의 음이 변화하여 つしま로 변했는데 한자로는 「対馬」로 표기하고 있다.

짝: 「짝 〉 짜 〉 쯔 〉 つ」
섬: 「섬 〉 서마 〉 시마 〉 しま」

「対馬」의 본래 한자는 「対島」인데 「対馬」로 바뀐 것에는 에피소드가 있다. 그이유는 「島」와 「馬」의 한자가 닮아서 잘못 기록해서 그렇다는 이야기가 있다. 「対馬」를 한자 훈독으로 읽으면 「つま」가 맞지만 「つしま」라고 읽는 것은 지명에 있어서는 그 유래나 배경을 감안해서 읽는 경우가 많기 때문이다(다른 여러 지명에서도 볼 수 있는 현상임).

쓰시마는 부산에서 50㎞ 정도밖에 안 되는 가까운 거리의 섬이지만 우리가

이 섬을 방치한 것은 쓰시마는 대부분이 산악지형이라 농사를 지을 만한 땅이 없는 것에 큰 이유가 있다고 볼 수 있다. 농사짓기 좋은 평지가 많은 섬이었다면 벌써 옛날에 우리나라 사람들이 짝섬에 건너가 농사를 짓고 살았을 것이다. 농경시대에서는 농사를 지을 수 없는 땅은 조정이나 백성이나 모두 관심 밖의 일이었을 것이다. 역사적으로 보면 한반도에서 일본으로 이주할 때 대마도는 하나의 경유지였다.

155　酸っぱい(すっぱい): 시다, 시큼하다 [실 산(酸)]

풀어 쓰면,

「す(酢, 식초)+っぱい(형용사·접미어, 강조의 뜻)」 → すっぱい

「すっぱい」: 시다, 시큼하다

◀ す(酢): 식초

　　어원은 「시다」(어간은 시)

　　『시〉스〉す』

　　「す」: 식초

156　素晴らしい(すばらしい): 훌륭하다, 굉장하다

어원은 「좋다」(어간은 좋)

『좋〉좇〉죷〉줍〉주바〉ずば〉すば』.

(탁음 ず → 청음 す)

「すば+らしい(…답다)」

좋다(훌륭하다)

「すばらしい」: 훌륭하다, 굉장하다

◀ 「죷, 줍」을 일본어로 표기하면 촉음 「ずっ」으로, 「죷, 줍」은 일본어에서 같은
　 발음임.

157 狭い(せまい): 좁다 [좁을 협(狭)]

어원은 「솔다」(어간은 솔), 공간이 좁다.

『솔 〉셀 〉세마 〉せま』

「せま+い(형용사를 만드는 접미어)」

「せまい」 : 좁다

◀ 우리말 종성 「ㄹ」이 일본어로 바뀔 때, 자음이 「ㄱ, ㅁ, ㅅ, ㅈ, ㅊ, ㄷ」으로 바
뀌며, 모음(ㅣ, ㅡ, ㅏ 등)이 붙는다.

158 高い(たかい): 높다 [높을 고(高)]

「춤달(舞山)은 충청남도 공주시 사곡면 가교리 춤다리 뒤에 있는 높이
421m의 산이다. '달'은 고구려어계의 고대 국어에서 '고(高)', '산(山)'의
의미를 갖는 고유어이다」

『달(高의 뜻) 〉다가 〉たか』

「たか+い(형용사를 만드는 접미어)」

「たかい」 : 높다

◀ 우리말 종성 「ㄹ」이 일본어로 바뀔 때, 자음이 「ㄱ, ㅁ, ㅅ, ㅈ, ㅊ, ㄷ」으로 바
뀌며, 모음(ㅣ, ㅡ, ㅏ 등)이 붙는다.

159 **正しい(ただしい): 바르다, 옳다** [바를 정(正)]

이 말을 풀어 쓰면,

「ただ(直, 똑바로)+しい(…스럽다, 그러한 성질을 가지다)」

「ただしい」: 바르다, 옳다

◀ ただ(直): 똑바로

어원은 「똑바로」의 「똑」

『똑 〉 딱 〉 따 〉 다다 〉 ただ』

「ただ」: 똑바로

160 **小さい(ちいさい): 작다, 크지 않다** [작을 소(小)]

어원은 「짝다」(어간은 짝). 작다의 된 말.

『짝 〉 짜: 〉 찌: 〉 찌이 〉 ちい』

「ちい(작다의 뜻)+さ(접미어)+い(형용사를 만드는 접미어)」

「ちいさい」: 작다, 크지 않다

161 **近い(ちかい): 가깝다** [가까울 근(近)]

어원은 「가직다」의 어근 「가직」의 「직」

「가직다」는 거리가 좀 가깝다.

『직 〉 지가 〉 ちか』

「ちか+い(형용사를 만드는 접미어)」

「ちかい」: 가깝다

162 冷たい(つめたい): 차갑다, 냉정하다 [찰 랭(冷)]

어원은 「참다」(어간은 참)

『참 〉 차배 〉 츠배 〉 츠매 〉 つめ』. (ㅂ → ㅁ)

「つめ+たい(그러한 상태임을 나타냄)」

「つめたい」: 차갑다, 냉정하다

◀ 「늪」의 발음 변화와 유사하다.

　　『늪 〉 눕 〉 누바 〉 누마 〉 ぬま(沼)』. (bmw 변화, ㅂ → ㅁ)

163 强い(つよい): 세다, 강하다 [강할 강(强)]

어원은 「쎄다」(어간은 쎄), 세다의 힘준 말

『쎄: 〉 쓰에 〉 쓰요 〉 つよ』

「つよ+い(형용사를 만드는 접미어)」

「つよい」: 세다, 강하다

遠い(とおい): 멀다 [멀 원(遠)]

어원은 「뜨다」(어간은 뜨)

「뜨다」는 「공간적으로 거리가 꽤 멀다」

『뜨 〉또 〉도오 〉とお』

「とお+い(형용사·접미어)」

「とおい」: 멀다

---

165 **長い(ながい): 길다, 오래다** [길 장(長)]

어원은 「ながれる(流れる)」(흐르다)

흐르는 강줄기가 긴 것에서

「なが+い(형용사를 만드는 접미어)」

「ながい」: 길다, 오래다

🔊 ながれる(流れる): 흐르다

「냇물이 흐르다」에서 어원은 「냇물」의 「냇」

『냇 〉낫 〉낙 〉나가 〉なが』

「なが+れる(동사를 만듦)」

「ながれる」: 흐르다

* 「낫, 낙」을 일본어로 표기하면 촉음 「なっ」으로, 「낫, 낙」은 일본어에서 같은 발음임.

166　苦い(にがい): 쓰다, 씁쓸하다, 괴롭다 [쓸 고(苦)]

어원은 「니글니글」

『니글 〉 니그 〉 니가 〉 にが』

「にが+い(형용사·접미어)」

속이 니글니글 메스껍다(→ 쓰고 괴롭다)

「にがい」 : 쓰다, 씁쓸하다, 괴롭다

　* にがて(苦手): 잘하지 못함, 서투름

167　眠い(ねむい): 졸리다 [잘 면(眠)]

「ねむる, 眠る」(자다, 잠자다)에서

「ねむい」 : 졸리다

◀ ねむる(眠る): 자다, 잠자다

　어원은 「눈붙이다」의 「눕붙」

　『눈붙 〉 누부 〉 내부 〉 내무 〉 ねむ』.(ㅂ → ㅁ)

　「ねむる」 : 자다, 잠자다

　*「늪」의 발음 변화와 유사하다.
　[늪 〉 눞 〉 눕 〉 누바 〉 누마 〉 ぬま(沼)]. (bmw 변화. ㅂ → ㅁ)

168 速い(はやい): 빠르다 [빠를 속(速)]

어원 2개를 소개하면

(1) 풀어 쓰면,

「は(접두사)+や(矢, 화살)+い(형용사·접미어)」

「はやい」: (화살과 같이) 빠르다

◀ や(矢): 화살

　어원은 「살」(화살)

　『살 〉사 〉さ 〉や』.(ㅅ → ㅇ)

　「や」: 화살

(2) 어원은 「빠르다」(어간은 빠르)

　『빠르 〉빠으 〉빠아 〉하아 〉하야 〉はや』

　① ㄹ 탈락

　② 반탁음 빠(ぱ) → 청음 하(は)

　「はやい」: 빠르다

169 低い(ひくい): 낮다 [낮을 저(低)]

어원을 풀어 쓰면,

「ひく(引く, 당기다)+い(형용사를 만드는 접미어)」

위에 걸린 줄을 당겨서 '낮게' 하다.

「ひくい」: 낮다

■ ひく(引く): 당기다

　　어원은 「혀다」(어간은 혀). 당기다의 옛말

　　『혀 〉 히 〉 ひ』

　　「ひ+く(동사·접미어)」

　　「ひく」: 당기다

170　廣い(ひろい): 넓다, 너르다 [넓을 광(広)]

어원은 「벌」(넓고 평평하게 생긴 땅, 벌판)

『벌 〉 빌 〉 비로 〉 히로 〉 ひろ』.

[탁음 비(び) → 청음 히(ひ)]

「ひろ+い(형용사를 만드는 접미어)」

「벌」은 너르다

「ひろい」: 넓다, 너르다

171 **深い(ふかい): 깊다** [깊을 심(深)]

어원은 「푹 꺼지다」의 「푹」

『푹〉푸가〉후가〉ふか』. [반탁음 푸(ぷ) → 청음 후(ふ)]

「ふか+い(형용사·접미어)」 → ふかい

푹 꺼져서 깊다.

「ふかい」: 깊다

　* 深める(ふかめる): 깊게 하다

172 **太い(ふとい): 굵다** [클 태(太)]

어원은 「붇다」(어간은 붇), 부피가 커지다

『붇〉부도〉후도〉ふと』. [탁음 부(ぶ) → 청음 후(ふ)]

「ふと+い(형용사·접미어)」 → ふとい

불어서 (국수 사리가) 굵어지다.

「ふとい」: 굵다

173 **古い(ふるい): 오래되다, 헐다** [옛 고(古)]

어원은 「헐다」

「헐다」는 물건이 오래되거나 많이 써서 낡아지다.

『헐〉허루〉후루〉ふる』

「ふる+い(형용사·접미어)」

「ふるい」: 오래되다, 헐다

⑰④ 欲しい(ほしい): 바라다, 탐나다 [하고자 할 욕(欲)]

어원은 「밝히다」의 「밝」

「밝히다」는 무엇을 추구하다는 뜻도 있다

(예: 돈을 밝히다)

『밝〉발〉볼〉보시〉호시〉ほし』. [탁음 보(ぼ) → 청음 호(ほ)]

「ほし+い(형용사를 만드는 접미어)」

「ほしい」: 바라다, 탐나다

◀ 우리말 종성 「ㄹ」이 일본어로 바뀔 때,

　자음이 「ㄱ, ㅁ, ㅅ, ㅈ, ㅊ, ㄷ」으로 바뀌며 모음(ㅣ, ㅡ, ㅏ 등)이 붙는다.

⑰⑤ 細い(ほそい): 가늘다, 좁다 [가늘 세(細)]

어원은 「홑」(한 겹으로 된)

여기서는 한 겹이라 「가늘고 좁다」라는 뜻으로 사용

『홑〉홋〉호소〉ほそ』

「ほそ+い(형용사를 만드는 접미어)」

「ほそい」 : 가늘다, 좁다

176 まずい(不味い): 맛이 없다, 서투르다, 못생기다 [맛 미(味)]

어원은 「못」(부정의 뜻을 나타내는 말)

『못 〉맛 〉맏 〉마즈 〉まず』

「まず + い(형용사·접미어)」

「まずい」 : 맛이 없다, 서투르다(일에 익숙하지 못하다), 못생기다

177 丸い(まるい): 둥글다 [둥글 환(丸)]

어원은 (둥글게)「말다」의「말」

『말 〉마루 〉まる』

「まる+い(형용사·접미어)」 → まるい

말면 둥글게 된다.

「まるい」 : 둥글다

178 短い(みじかい): 짧다 [짧을 단(短)]

어원을 풀어 쓰면,

「み(身, 몸)+ちかい(近い, 가깝다)」

「みちかい → みぢかい → みじかい」

몸에서 가깝다(짧다)

「みじかい」: 짧다

179 珍しい(めずらしい): 드물다, 희귀하다 [보배 진(珍)]

어원은 「말」('큰'의 뜻의 접두사)

예를 들면, 「말벌, 말매미, 말술」

『말 〉마즈 〉메즈 〉めず』

매미 가운데 가장 큰 말매미는 보기 드물다

「めず+らしい(…답다)」

「めずらしい」: 드물다, 희귀하다

◀ 우리말 종성 「ㄹ」이 일본어로 바뀔 때, 자음이 「ㄱ, ㅁ, ㅅ, ㅈ, ㅊ, ㄷ」으로 바
꾸며 모음(ㅣ, ㅡ, ㅏ 등)이 붙는다.

180 優しい(やさしい): 상냥하다 [넉넉할 우(優)]

어원은 「야시시하다」

『야시시 〉 やししい 〉 やさしい』

「やさしい」: 상냥하다

 * 야시시하다: 분위기나 생김새가 야한 느낌이 있다. 그러면서 상냥하다는 뜻도 있다.

◀ 「쉽다(易しい, やさしい)」는 근세 말경부터 상냥한(やさしい, 優しい) 배려가

　있어서 「알기 쉽다」라는 뜻으로 쓰이기 시작했다.

💡 지명(地名) 이야기: あびこ(我孫子)

지바(千葉) 현(県) 북서부에 있는 「아비꼬(我孫子)」라는 시가 있다. 아비꼬(我孫子)라는 지명은 매우 난해한 지명으로 알려져 있다. 그래서 예전에 일본국철 채용시험에 자주 출제가 되었다고도 한다.

이 지역에 살지 않는 일본인에게 「我孫子」를 읽어 보게 한 TV프로그램이 있었는데, 「아손시, 가손시」라고 읽었다고 한다. 그러면 이러한 이유는 무엇일까. 지명의 유래가 우리말에 있기 때문이다. 그러면, 아비꼬(我孫子)의 유래는 무엇일까. 「아비꼬」에서 「아비」는 결혼하여 자식을 둔 아들을 이르는 말 또는 시부모가 며느리에게 남편인 아들을 이르는 말이다. 그리고 꼬(子)는 자식을 말한다.

일본의 지명 유래사전에서는 「我」는 접두어, 「孫子」는 국가적인 성씨의 임의적인 표기라고 풀이하고 있다. 지명에 접두사가 들어가는 이유도 그렇고, 손자와 국가적인 성씨에 무슨 관계가 있는지 설명이 없다.

아비꼬 시사편찬위원회의 관계자에 따르면, 관동지역은 도래인 또는 귀화인이라고 부르는 사람들이 한반도에서 많이 건너와 살았던 곳이다. 아비꼬 고분군이 있어 거기에서 많은 유물이 출토되었는데, 그중 특히 기와들을 보면 여러 무늬들이 새겨져 있는데 그것들은 대부분 한반도로부터 건너온 것이다. 백제식 기와문양을 사용한 그들은 우리말을 쓴 왕족이었다.「아비꼬(我孫子)」라는 지명은「아비의 자식」즉「손자」를 가리키는 말에서 유래된 것이다.

181 弱い(よわい): 약하다, 여리다 [약할 약(弱)]

어원은 「여리다」(어간은 여리)

『여리 〉 여이 〉 요이 〉 요와 〉 よわ』.(ㄹ 탈락)

「よわ+い(형용사를 만드는 접미어)」

「よわい」 : 약하다, 여리다

182 若い(わかい): 젊다, 어리다 [같을 약(若)]

어원은 약관(弱冠)의 「弱」의 우리 한자음 「약할 약」

『약 〉 야가 〉 와가 〉 わか』

「わか+い(형용사를 만드는 접미어)」

약관 스무살은 정말 젊은 나이다

「わかい」 : 젊다, 어리다

183 惡い(わるい): 나쁘다, 좋지 않다 [악할 악(惡)]

어원은 「왈짜」(왈者)의 「왈」

『왈 〉 와루 〉 わる』

「わる+い(형용사를 만드는 접미어)」

「わるい」 : 나쁘다, 좋지 않다

* 「왈짜」는 말이나 행동이 단정하지 못하고 수선스럽고 거친 사람을 말한다. 「왈」은 「나쁜 매너를 가진」 이라는 뜻이다.

184 色色(いろいろ): 여러 가지, 가지각색 [빛 색(色)]

어원은 「여러여러」

『여러여러 〉 이로이로 〉 いろいろ』

「いろいろ」: 여러 가지, 가지각색

185 同じ(おなじ): '같음·동일'의 뜻 [같을 동(同)]

「같다」는 서로 다르지 않고 「하나」이다.

어원은 「하나」

『하나 〉 호나 〉 오나 〉 おな』

「おな+じ(형용사화 접미어)」

「おなじ」: '같음·동일'의 뜻

◀ 유니폼(uni·form): 제복, 획일적인

　　uni- :「하나, 하나로 된의 뜻」

186 **靜か(しずか): 조용한 모양** [고요할 정(靜)]

「쉿」은 소리를 내지 말라는 뜻으로 내는 소리.

『쉿 〉싯 〉싲 〉시즈 〉しず』

「しず+か(상태, 성질을 나타냄)」

소리를 내지 않아 조용하다

「しずか」: 조용한 모양

187 **賑賑しい(にぎにぎしい): 매우 번성하다,**
(들떠) 북적북적하다 [구휼할 진(賑)]

어원은 「내키다」(어근은 내키)

「내키다」는 「하고 싶은 마음이 생기다」라는 뜻이다.

『내키 〉니키 〉니기 〉にぎ』

「にぎ+にぎ+しい(…하다, …듯하다)」 → にぎにぎしい

하고 싶은 마음이 생기나 매우 번성하다.

「にぎにぎしい」: 매우 번성하다, (들떠) 북적북적하다

　* 賑やか(にぎやか): 활기참, 흥청거림, 번화함

188 下手(へた): 서투름, 서투른 사람, 어설픔 [아래 하(下)]

어원은 접두사 「햇」

「햇」은 '당해에 난, 얼마 되지 않은'이라는 뜻이다.

(예, 햇병아리)

『햇 〉 핻 〉 해다 〉 へた』

일한 지 얼마 되지 않은 햇병아리는 서툴기 마련이다.

「へた」: 서투름, 서투른 사람, 어설픔

3장

동사

(動詞)

189 　開ける(あける): 열다 [열 개(開)]

어원은 「열다」(어간은 열)

『열 〉얄 〉알 〉아게 〉あけ』

「あけ+る(동사·접미어)」

「あける」: 열다

　* あく(開く): 열리다

◀ 우리말 종성 「ㄹ」이 일본어로 바뀔 때, 자음이 「ㄱ, ㅁ, ㅅ, ㅈ, ㅊ, ㄷ」으로 바
　뀌며 모음(ㅣ, ㅡ, ㅏ, ㅔ 등)이 붙는다.

190 　遊ぶ(あそぶ): 놀다 [놀 유(遊)]

어원을 풀어 쓰면,

「あし(脚, 다리)+ぶ(동사·접미어)」 → あしぶ

「あしぶ」가 「あそぶ」로 바뀜

(아기들이 걷기 시작해서) 다리로 뛰어 다니며 놀다.

「あそぶ」 : 놀다

■● あし(脚): 다리

　　어원은 「아리」(다리, 발의 고어)

　　『아리 〉 알 〉 아시 〉 あし』

191　集まる(あつまる): 모이다, 집합하다 [모일 집(集)]

어원을 풀어 쓰면,

「あつい(厚い, 두껍다, 두텁다)+まる(동사를 만듦)」 → あつまる

인정(人情)이 두터우면 사람들이 모인다.

「あつまる」 : 모이다, 집합하다

　* 集める(あつめる): 모으다, 집중시키다

192 **洗う(あらう): 빨다, 씻다, 세탁하다** [씻을 세(洗)]

어원 2가지를 소개하면,

(1) 어원은 「아리수」의 「아리」

한강의 옛이름을 「아리수」라 하는데
「아리」는 「물」을 의미한다.
『아리 〉아라 〉あら』
「あら+う(동사·접미어)」 → あらう
물로 씻다(세탁하다)
「あらう」: 씻다, 빨다, 세탁하다

(2) 어원은 「빨다」(어간은 빨)
『빨 〉빠라 〉하라 〉아라 〉あら』
[반탁음 빠(ぱ) → 청음 하(は) → 여린 소리 아(あ)]
「あら+う(동사·접미어)」
「あらう」: 빨다, 씻다, 세탁하다

193 **歩く(あるく): 걷다** [걸음 보(步)]

어원은 다리(脚)의 고어(古語) 「아리」

「종아리」처럼 일부는 아직 남아 있다.
『아리 〉あり』

148

「あり」를 동사화하면「ありく」

「ありく → あるく」

「다리로 걷다」

「あるく」: 걷다

194 言う(いう): 말하다 [말씀 언(言)]

어원은「입」

『입 〉이 〉い』

「い+う(동사·접미어)」

입으로 말하다

「いう」: 말하다

195 急ぐ(いそぐ): 서두르다 [급할 급(急)]

어원은「いそいそ」(어서어서, 허겁지겁)

「いそ+ぐ(동사·접미어)」

어서어서 서두르다

「いそぐ」: 서두르다.

　* いそがしい: 바쁘다

■) いそいそ: 어서어서

『어서어서 〉 이소이소 〉 いそいそ』

■) 일본어에는 음성모음 「ㅓ, ㅕ, ㅡ」 발음이 없어, 양성모음인 「ㅏ, ㅗ」 등으로
바뀐다(서울 : ソウル).

196 祈る(いのる): 빌다, 기도하다 [빌 기(祈)]

풀어 쓰면, 「い(접두사)+のる(宣る, 말하다)」
"비나이다, 비나이다"하며 한 말을 거듭 말하다(→ 기도하다)
「いのる」 : 기도하다

■) のる(宣る): 말하다, 선언하다
어원은 「뇌다」
「뇌다」는 '한 번 한 말을 여러 번 거듭 말하다'라는 뜻이다.
『뇌 〉 노 〉 の』
「の+る」 → のる(말하다)

197 祝う(いわう): 축하하다. 행운을 빌다 [빌 축(祝)]

어원은 「빌다」(어간은 빌)
「빌 〉 비일 〉 비이 〉 비아 〉 비와 〉 히와 〉 이와 〉 いわ」.

[탁음 비(び) → 청음 히(ひ) → 여린 소리 이(い)]

「いわ+う(동사·접미어)」

「いわう」: 행운을 빌다, 축하하다,

198 伺う(うかがう): 여쭙다, 듣다의 겸사말, 방문하다의 겸사말 [엿볼 사(伺)]

어원은 「여쭙다」의 옛말 「엿줍다」의 「엿」

『엿 〉엇 〉웃 〉욱 〉우가 〉うか』

「うか+がう(하다의 뜻)」

「うかがう」: 여쭙다, 듣다의 겸사말, 방문하다의 겸사말

◀ 「웃, 욱」을 일본어로 표기하면 촉음 「うっ」으로, 「웃, 욱」은 일본어에서 같은 발음임.

199 受ける(うける): 받다 [받을 수(受)]

어원은 「받다」(어간은 받)

『받 〉붇 〉북 〉부게 〉후게 〉우게 〉うけ』

[탁음 부(ぶ) → 청음 후(ふ) → 여린 소리 우(う)]

「うけ+る(동사·접미어)」

「うける」: 받다

◀ 「붇, 북」을 일본어로 표기하면 촉음 「ぶっ」으로, 「붇, 북」은 일본어에서 같은 발음임.

200 動く(うごく): 움직이다 [움직일 동(動)]

어원은 「うごうご」(움직이는 모양)

「うご+く(동사·접미어)」

「うごく」: 움직이다

  * 動かす(うごかす): 움직이게 하다

◀ うごうご: 벌레 따위가 움직이는 모양

  어원은 「우글우글」(벌레나 짐승 등이 한곳에 빽빽하게 많이 모여 움직이는 모양)

  『우글우글 〉 우그우그 〉 우고우고 〉 うごうご』

201 生む(うむ): 낳다, 만들어 내다 [날 생(生)]

어원은 「움트다」의 「움」

「움」은 「나무에 새로 생겨 나오는 싹」을 말한다.

새로 탄생한 생명체가 「움」이다.

『움 > 우무 > うむ』

「うむ」: 낳다, 만들어 내다

* 生まれる(うまれる): 태어나다

---

202 **羨む(うらやむ): 부러워하다, 샘하다** [부러워할 선(羨)]

어원은 「부러워하다」의 어근 「부러워」

『부러워 > 부라어 > 부라아 > 부라야 > 후라야 > 우라야 > うらや』

[탁음 부(ぶ) → 청음 후(ふ) → 여린 소리 우(う)]

「うらや+む(동사·접미어)」

「うらやむ」: 부러워하다, 샘하다

* 羨ましい(うらやましい): 부럽다

---

203 **賣る(うる): 팔다** [팔 매(売)]

어원은 「팔다」(어간은 팔)

『팔 > 파 > 푸 > 후 > 우 > う』

[반탁음 푸(ぷ) → 청음 후(ふ) → 여린소리 우(う)]

「う+る(동사·접미어)」

「うる」: 팔다

選ぶ(えらぶ): 고르다, 뽑다, 선택하다 [가릴 선(選)]

훌륭한(えらい, 偉い) 인물을 지도자로 뽑다.

「えらぶ」 : 고르다, 뽑다, 선택하다

◄ 偉い(えらい): 훌륭하다, 위대하다 [클 위(偉)]

　　어원은 「얼」(정신의 줏대, 마음)

　　『얼 〉 어라 〉 에라 〉 えら』

　　「えら+い(형용사를 만드는 접미어)」

　　조상의 「얼」이 「훌륭하다」

　　「えらい」 : 훌륭하다, 위대하다

起きる(おきる): 일어나다, 기상하다 [일어날 기(起)]

어원은 「일나다」의 「일」. 일어나다(기상하다)의 방언

『일 〉 올 〉 오기 〉 おき』

「おき+る(동사·접미어)」

「おきる」 : 일어나다, 기상하다

◄ 우리말 종성 「ㄹ」이 일본어로 바뀔 때, 자음이 「ㄱ, ㅁ, ㅅ, ㅈ, ㅊ, ㄷ」으로 바
　　뀌며 모음(ㅣ, ㅡ, ㅏ 등)이 붙는다.

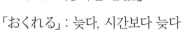 **遅れる(おくれる): 늦다, 시간보다 늦다** [늦을 지(遲)]

어원은 「늦다」(어간은 늦)

『늦 〉 놏 〉 녹 〉 옥 〉 오구 〉 おく』.

(ㄴ → ㅇ, 'ㄴ두음법칙'과 유사)

「おく+れる(동사를 만듦)」

「おくれる」: 늦다, 시간보다 늦다

　* おそい(遅い): 늦다

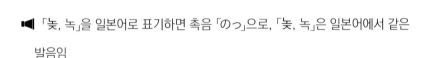 「놏, 녹」을 일본어로 표기하면 촉음 「のっ」으로, 「놏, 녹」은 일본어에서 같은
　　발음임

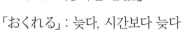 **起こる(おこる): 일어나다, 발생하다** [일어날 기(起)]

어원은 「일나다」의 「일」. 일어나다(어떤 일이 생기다)의 방언

『일 〉 올 〉 오고 〉 おこ』

「おこ+る(동사·접미어)」

「おこる」: 일어나다, 발생하다

　* おこす(起こす): 일으키다

「さと」(里)는 시골 마을

고향에 대한 그리움이나 애정은 사람이나 동물이나 다 가지고 있는 감정이다. 수구초심(首丘初心)이라는 말이 있는데 「여우가 죽을 때에 머리를 자기가 살던 굴 쪽으로 둔다」는 뜻으로, 고향을 그리워하는 마음을 이르는 말이다.

고향을 일본어로 「ふるさと(古里, 故鄕)」라고 한다. 여기서 さと(里)는 마을이라는 뜻인데, 일본에서도 어원을 충분히 설명하지 못하고 있다.

우리말에 「사투리」(방언)가 있다. 「사」는 「흙, 땅, 시골」을 의미하는 것이고, 「투리」는 「넋두리」의 「두리」가 「투리」로 바뀐 것으로 「말」을 뜻한다. 따라서 사투리는 「시골말」을 의미한다. 「시골」의 「시」도 흙, 땅(土, 地)을 가리키는 것이다(서정범, 국어어원사전). 그리고 「웃땀」은 「윗마을」의 경남 방언인데, 「땀」은 마을이라는 뜻이다.(땀 〉 따 〉 た 〉 と).

「さと」(里)의 어원을 풀이하면 아래와 같다.
「さ(시골을 뜻함)+と(마을을 뜻함)」.
「さと」는 「시골 마을」을 가리키는 것임을 알 수 있다.

208 教える(おしえる): 가르치다 [가르칠 교(教)]

어원은 「아르키다」의 어근 「아르」.

「아르키다」는 「가르치다」의 비표준어

『아르 〉 알 〉 올 〉 오시 〉 おし』

「おし+える(동사를 만듦)」

「おしえる」: 가르치다

◀ 우리말 종성 「ㄹ」이 일본어로 바뀔 때, 자음이 「ㄱ, ㅁ, ㅅ, ㅈ, ㅊ, ㄷ」으로 바뀌며 모음(ㅣ, ㅡ, ㅏ 등)이 붙는다.

209 落ちる(おちる): 떨어지다 [떨어질 락(落)]

어원은 「알로」의 「알」, 아래로.

『알 〉 올 〉 오치 〉 おち』

「おち+る(동사·접미어)」

아래로 물건이 떨어지다.

「おちる」: 떨어지다

　* おとす(落とす): 떨어뜨리다

◀ 우리말 종성 「ㄹ」이 일본어로 바뀔 때, 자음이 「ㄱ, ㅁ, ㅅ, ㅈ, ㅊ, ㄷ」으로 바뀌며 모음(ㅣ, ㅡ, ㅏ 등)이 붙는다.

210 **おっしゃる: 말씀하시다(말하다의 높임말)**

어원을 풀어 쓰면,

お(御. 존경, 공손, 친밀의 뜻)+しゃべる(喋る, 말하다)

「おしゃべる → おしゃる → おっしゃる」.(ベ 탈락)

「おっしゃる」: 말씀하시다

◀ しゃべる(喋る): 말하다

　　어원은 「세」(혀의 방언)

　　「세+べる(동사를 만듦)」 → しぇべる

　　「しぇべる → しゃべる」

　　세(혀)를 움직여 말하다.

　　「しゃべる」: 말하다

211 **踊る(おどる): 춤추다** [뛸 용(踊)]

어원은 「돌다」(어간은 돌)

『돌 〉도루 〉どる』

「お(존경, 친밀감을 나타냄)+どる」 → おどる

춤은 몸을 돌리고 흔드는 동작이다.

「おどる」: 춤추다

212 思う(おもう): 생각하다 [생각할 사(思)]

(1) 어원은 고어「おも」(母, 어머니의 옛말)

「おも(母)+う(동사·접미어)」→ おもう

고향에 계신 어머니를 생각하다.

「おもう」: 생각하다

◀️ おも(母): はは(母. 어머니, 어미)의 옛말

어원은 「어미」

『어미 〉 오미 〉 오모 〉 おも』

(2) 어원은 「마음」의 옛말 「마음」의 「음」

『음 〉 옴 〉 오모 〉 おも』

「おも+う(동사·접미어)」

마음속으로 생각하다

「おもう」: 생각하다

213 泳ぐ(およぐ): 헤엄치다, 수영하다 [헤엄칠 영(泳)]

어원은 「うお」(魚, 물고기)

「うお(魚)+ぐ(동사·접미어)」

「うおぐ → うよぐ → およぐ」

물고기처럼 헤엄치다

「およぐ」: 헤엄치다, 수영하다

◀ 魚(うお): 물고기

　　어원은 「魚」의 우리 한자음 「어」

　　『어 〉오 〉お』

　　「う(=おお, 크다는 뜻)+お」

　　「うお」: 물고기

　　* 처음에는 큰 물고기(大魚)를 의미했지만, 뒤에 일반적으로 물고기를 지칭.

214 **終(わ)る(おわる): 끝나다, 마치다** [끝날 종(終)]

본래 말은 「おはる」

「お(尾, 꼬리)+はる(하다의 뜻)」

꼬리로 하다(→ 끝이 나다는 뜻이다)

「おはる → おわる」

「おわる」: 끝나다, 마치다

◀ お(尾): 꼬리

　　꼬리는 동물의 몸에서 작은 부분을 가리키는 말이다.

　　어원은 작은 것을 뜻하는 접두사 「小(お, こ)」이다.

215 買う(かう): 사다, 구입하다 [살 매(買)]

어원은 「값」

『값 〉 가 〉 か』

「か+う(동사·접미어)」

싼 값에 사다.

「かう」: 사다, 구입하다

◀ かせぐ(稼ぐ): 돈을 벌다

　어원은 「값」

　『값 〉 갑+ㅅ 〉 가+ㅅ 〉 가세 〉 かせ』

　좋은 값에 팔아 돈을 벌다

　「かせぐ」: 돈을 벌다

216 変える(かえる): 바꾸다, 갈다, 변하다 [변할 변(変)]

어원은 「갈다」(어간은 갈)

『갈 〉 가알 〉 가아 〉 가에 〉 かえ』

「かえ+る(동사·접미어)」

「かえる」: 바꾸다, 갈다, 변하다

　* 変(わ)る(かわる): 바뀌다.

217 **掛ける(かける): 걸다** [걸 괘(掛)]

어원은 「걸다」(어간은 걸)

『걸 〉갈 〉가게 〉かけ』

「かけ+る(동사·접미어)」

「かける」: 걸다

　　* 掛かる(かかる): 걸리다, 늘어져 있다

◀ 우리말 종성 「ㄹ」이 일본어로 바뀔 때, 자음이 「ㄱ, ㅁ, ㅅ, ㅈ, ㅊ, ㄷ」으로 바
　　뀌며, 모음(ㅣ, ㅡ, ㅏ, ㅔ 등)이 붙는다.

218 **書く(かく): 쓰다** [글 서(書)]

어원은 「긁다」(어간은 긁)

종이에 긁다(→ 쓰다)

『긁 〉극 〉각 〉가구 〉かく』

「かく」: 쓰다

219 **數える(かぞえる): 세다, 계산하다** [셀 수(數)]

어원을 풀어 쓰면, 「かず(數, 수)+える(동사를 만듦)」

「かずえる → かぞえる」

「かぞえる」: 세다, 계산하다

◀ かず(數): 수

　　어원은 「가지」(가지 數의 가지)

　　『가지 〉가즈 〉かず』

　　「かず」: 수

220 勝つ(かつ): 이기다 [이길 승(勝)]

어원은 기합 소리 「캇」(カッ)

『캇 〉캋 〉카츠 〉かつ』

캇, 기합소리를 내어 상대를 이기다

「かつ」: 이기다

221 叶う(かなう): 희망대로 되다, 이루어지다 [맞을 협(叶)]

어원은 懇(간절할 간)의 우리 한자음 「간」

『간 〉가나 〉かな』

「かな+う」 → かなう

간절히 기도하면 이루어진다.

「かなう」: 희망대로 되다, 이루어지다

　　* 叶える(かなえる): 이루어 주다, 들어주다

222 構う(かまう): 관계하다, 상대하다 [얽을 구(構)]

어원은 「갚다」(어간은 갚), 맞서서 견주다(가루다의 방언)

『갚 〉갈 〉가마 〉かま』

「かま+う(동사·접미어)」

「かまう」: 관계하다, 상대하다

　　* 흔히, 부정(否定)의 말로 사용.
　　　かまいません(상관 없습니다).

◀ 우리말 종성 「ㄹ」이 일본어로 바뀔 때, 자음이 「ㄱ, ㅁ, ㅅ, ㅈ, ㅊ, ㄷ」으로 바
　꿔며 모음(ㅣ, ㅡ, ㅏ 등)이 붙는다.

223 通う(かよう): 다니다, 왕래하다 [통할 통(通)]

어원은 「가다+오다」(어간은 가, 오)

『가+오 〉かお』

「かお+う(동사·접미어)」

「かおう → かよう」

가고 오다(왕래하다).

「かよう」: 다니다, 왕래하다

224 **借りる(かりる): 빌리다, 꾸다** [빌릴 차(借)]

어원은 「꾸다」의 활용 「꿀」

『꿀 〉 깔 〉 까리 〉 かり』

「かり+る(동사·접미어)」

「かりる」: 빌리다, 꾸다

　* かす(貸す): 빌려주다

225 **考える(かんがえる): 생각하다** [생각할 고(考)]

「곰곰이 생각하다」에서, 어원은 「곰곰이」

「곰곰이」는 여러모로 깊이 생각하는 모양을 말한다.

『곰곰 〉 감감 〉 간간 〉 간가 〉 かんが』

「かんが+える(동사를 만듦)」

「かんがえる」: 생각하다

226 頑張る(がんばる): 강경히 버티다, 분발하다

어원은 「깡」(악착같이 버티어 나가는 오기)

『깡 〉 강 〉 간 〉 がん』

「がん+はる(張る. 뻗다, 뻗치다)」 → がんはる → がんばる

깡을 뻗치다(분발하다)

「がんばる」: 강경히 버티다, 분발하다

227 消す(けす): 끄다, 지우다 [사라질 소(消)]

어원은 「끄다」(어간은 끄)

『끄 〉 꺼 〉 깨 〉 け』

「け+す(동사·접미어)」

「けす」: 끄다, 지우다

　* けしゴム(消しゴム): 지우개
　　消える(きえる): 꺼지다, 없어지다

228 聞く(きく): 듣다 [들을 문(聞)]

어원은 「귀」

『귀 〉 기 〉 き』

「き+く(동사·접미어)」

귀로 듣다

「きく」: 듣다

* きこえる(聞える): 들리다

229 決める(きめる): 결정하다 [결단할 결(決)]

어원은 「결」(결정의 옛말)

『결 〉길 〉기메 〉きめ』

「きめ+る(동사·접미어)」

「きめる」: 결정하다

* きまる[決(ま)る]: 결정되다

◀ 우리말 종성 「ㄹ」이 일본어로 바뀔 때, 자음이 「ㄱ, ㅁ, ㅅ, ㅈ, ㅊ, ㄷ」으로 바
  뀌며 모음(ㅣ, ㅡ, ㅏ, ㅔ 등)이 붙는다.

230 嫌う(きらう): 싫어하다, 좋아하지 않다 [싫어할 혐(嫌)]

어원은 「꺼리다」(어간은 꺼리)

「꺼리다」는 피하거나 싫어하다

『꺼리 〉끼리 〉끼라 〉きら』

「きら+う(동사·접미어)」

「きらう」 : 싫어하다, 좋아하지 않다

231 **切る(きる): 자르다, 베다** [끊을 절(切)]

어원은 「켜다」의 방언 「키다」(어간은 키)

나무를 톱으로 켜서(키서) 「자르다」

「키+る(동사·접미어)」 → きる

「きる」 : 자르다, 베다

　* 切れる(きれる): 베이다, 끊어지다, 다 떨어지다
　　売り切れる(うりきれる): 다 팔리다, 매진되다

232 **着る(きる): 옷을 입다** [붙을 착(着)]

「옷을 끼입다」(껴입다의 방언)에서, 어원은 「끼」

『끼 〉 き』

「き+る(동사·접미어)」

「きる」 : 옷을 입다

　* 着物(きもの): 옷, 의복

233 曇る(くもる): (날씨가) 흐리다 [흐릴 담(曇)]

어원은 「くも」(雲, 구름)

「くも(구름)+る(동사·접미어)」

구름이 끼어 날씨가 흐리다

「くもる」 : (날씨가) 흐리다

🔊 くも: 구름

　어원은 「구름」

　『구름 〉 구모 〉 くも』.(ㄹ 탈락)

　「くも」 : 구름

　* すもう(相撲, 일본 씨름)의 발음 변화와 유사하다
　　『씨름 〉 씨모 〉 쓰모 〉 すもう』.(ㄹ 탈락)

🔊 구름이 낀 날씨를 꾸무리(꾸모리)하다고 한다. 그리고 영어에서 gloomy는

　「어둑어둑한, 음울한」이라는 뜻인데, 어원은 「구름」이다.

💡 연상암기(1)

▶ きた(北): 북, 북쪽

  ① 북청 물장수가 샘물을 긷다(**기따**)

  ② 「키타부기」 → 키타(きた)는 부기다(북이다)

▶ けが(怪我): 상처

  개가 물어 상처를 입다

▶ した(下): 아래, 밑

  「시다바리」(일하는 사람 밑에서 일을 거들어 주는 사람)를 순화한 말을 "곁꾼"이라

  한다

▶ はは(母): 어머니

  はらむ(孕む): 임신하다. はら(腹)는 배

  「は+は → はは(어머니)」

▶ ちち(父): 아버지

  「아버지 → (지+지) → 지지 → ちち(아버지)」

234 **暮らす(くらす): 살아가다, 지내다** [저물 모(暮)]

어원은「꾸리다」

「꾸리다」는 생활을 규모 있게 이끌어 나가다.

『꾸리 〉 꾸라 〉 くら』

「くら+す(동사·접미어)」

「くらす」: 살아가다, 지내다

 * 暮らし(くらし): 살림, 생계, 일상생활

235 **比べる(くらべる): 비교하다, 대조하다** [견줄 비(比)]

어원은「가리다」

「가리다」는 좋은 것과 나쁜 것 따위를 따지다 (→ 비교하다).

『가리 〉 구리 〉 구라 〉 くら』

「くら+べる(동사를 만듦)」

「くらべる」: 비교하다, 대조하다

〈연상〉くらべる(比べる): 비교하다, 대조하다

　　창고(くら, 倉)에 있는 물품을 장부와 비교하다(대조하다).

236 **答える(こたえる): 대답하다** [대답 답(答)]

풀어 쓰면,

「こと(言, 말)+える(동사를 만듦)」

「ことえる → こたえる」

말로 대답하다

「こたえる」: 대답하다

 こと(言): 말

　어원은 「고하다」(말하다)의 「고」의 명사형 「곧」

　『곧 〉 고도 〉 こと』

　「こと」: 말

　* 곧이듣다: 말하는 대로 듣다(남의 말을 듣고 그대로 믿다)

237 **困る(こまる): 곤란하다** [괴로울 곤(困)]

어원은 「이제, 고마」의 「고마」

「고마」는 고만(그만)의 경남 방언이다.

이제 그만, 더 이상은 「곤란하다」라는 뜻이다.

「고마(こま)+る(동사·접미어)」 → こまる

「こまる」: 곤란하다

238 探す, 捜す(さがす): 찾다 [찾을 탐(探)]

어원은 「찾다」(어간은 찾)

『찾 〉 착 〉 차가 〉 ちゃが 〉 さが』.

   (1) 「찾, 착」을 일본어로 표기하면 촉음 「ちゃっ」으로,

      일본어에서 「찾, 착」은 같은 발음임

   (2) 요음 「ちゃ」가 직음화(直音化)로 가까운 음인 「さ」가 됨

「さが+す(동사·접미어)」

「さがす」 : 찾다

◀ 직음(直音): 요음(拗音, きゃ), 촉음(促音, きっ), 발음(撥音, ん) 이외의 가나

  (仮名) 한 자로 표시되는 음.

239 誘う(さそう): 권유하다, 유혹하다 [꾈 유(誘)]

어원은 「살살」의 「살」

「살살」은 남을 살그머니 달래거나 꾀는 모양이다.

『살 〉 사소 〉 さそ』

「さそ+う(동사·접미어)」

「さそう」 : 권유하다, 유혹하다

■《 우리말 종성 「ㄹ」이 일본어로 바뀔 때, 자음이 「ㄱ, ㅁ, ㅅ, ㅈ, ㅊ, ㄷ」으로 바꾸어며 모음(ㅣ, ㅡ, ㅏ, ㅗ 등)이 붙는다.

240 触る(さわる): 손으로 만지다, 접촉하다, (가볍게) 닿다 [닿을 촉(触)]

어원은 「손」

『손 〉산 〉상 〉사와 〉さわ』.(ん의 음가는 ㄴ, ㅁ, ㅇ)

「さわ+る(동사·접미어)」

손으로 만지다(닿다)

「さわる」: 손으로 만지다, 접촉하다, (가볍게) 닿다.

241 叱る(しかる): 꾸짖다, 야단치다 [꾸짖을 질(叱)]

어원은 「세까다」(혀로 상대의 결점을 비난하다)

『세까 〉시까 〉しか』

「しか+る(동사·접미어)」 → しかる

상대의 결점을 비난하다(→ 야단치다)

「しかる」: 꾸짖다, 야단치다

  * 세 : '혀'의 방언

242 死ぬ(しぬ): 죽다 [죽을 사(死)]

풀어 쓰면,「し(死, 죽음)+ぬ(눕다의 뜻)」

「しぬ」: 죽다(죽어서 눕다)

① 死의 음독이「し」(呉音)

② ぬ는 고어로「눕다」라는 뜻의 한 음절의 동사이다.

◀ 오음(呉音): 우리나라를 거쳐 일본에서 정착한 한자음으로 우리의 한자음과
유사한 것이 많다.

　[예, 木材(もくざい)의 もく가 오음이다].

243 閉める(しめる): 닫다 [닫을 폐(閉)]

닫다의 유의어는「잠그다」. 어원은「잠그다」의 옛말「ᄌᆞᆷ다」

(어간은 ᄌᆞᆷ)

『ᄌᆞᆷ 〉 자마 〉 지메 〉 じめ 〉 しめ』.(탁음 じ → 청음 し)

「しめ+る(동사·접미어)」

문을 잠그다(→닫다)

「しめる」: 닫다

　* しまる(閉まる): 닫히다

244 **調べる(しらべる): 조사하다, 연구하다** [고를 조(調)]

「조사하다」는 '자세히 살펴보다'의 뜻

어원은 「살펴보다」의 「살펴」

『살펴 〉 사라펴 〉 시라페 〉 しらぺ 〉 しらべ』

「しらべる」: 조사하다, 연구하다

〈연상〉 흰지(しら, 白), 검은지 조사해 보다.

　　「しらべる」: 조사하다, 연구하다

245 **從う(したがう): 따르다, 좇다** [좇을 종(從)]

어원은 「좇다」(어간은 좇)

『좇 〉 짖 〉 짙 〉 지타 〉 じた 〉 した 』.

(탁음 じ → 청음 し)

「した+がう(하다의 뜻)」

「したがう」: 좇다, 따르다

246 **過ぎる(すぎる): 지나다, 통과하다** [지날 과(過)]

어원은 「쓱」 (빨리 지나가는 모양)

『쓱 〉쓰기 〉すぎ』

「すぎ+る(동사·접미어)」

「すぎる」: 지나다, 통과하다

247 進む(すすむ): 나아가다, 진출하다 [나아갈 진(進)]

어원은 「스스로」의 「스스」

『스스 〉すす』

「すす+む(동사·접미어)」 → すすむ

남의 강요에 의해서가 아니라, 「스스로 자발적으로 나아가다」

「すすむ」: 나아가다, 진출하다

　* 進める(すすめる): 나아가게 하다

248 捨てる(すてる): 버리다 [버릴 사(捨)]

어원 2가지를 소개하면,

(1) 어원은 「숱하다」(어근은 숱), 셀 수 없을 정도로 매우 많다

　　『숱 〉수테 〉すて』

　　「すて+る(동사·접미어)」 → すてる

　　너무 많아서 일부는 「버리다」

　　「すてる」: 버리다

(2) 「쏟아 버리다」에서 어원은 「쏟다」(어간은 쏟)

『쏟 〉쏘데 〉쓰데 〉すて』

「すて+る(동사·접미어)」

밖에다 쏟아 버리다

「すてる」: 버리다

249 住む(すむ): 살다 [살 주(住)]

어원은 「숨」. 숨 쉬며 살다

『숨 〉수무 〉すむ』

「すむ」: 살다

◀ 住みか(すみか): 거처, 사는 곳

　　「か」는 장소를 의미함, 「こ」가 변한 말

250 座る(すわる): 앉다, 자리에 엉덩이를 붙이다 [자리 좌(座)]

어원은 「씨줄」의 「씨」(세로 줄은 날줄)

「씨줄」은 「피륙이나 그물을 짤 때,

가로 방향(수평 방향)으로 놓인 실」이다.

『씨 〉쓰 〉스와 〉すわ』

「すわ+る(동사·접미어)」 → すわる

엉덩이를 가로 방향 즉, 수평으로 하다. 「앉는」 것을 의미.

「すわる」 : 앉다, 자리에 엉덩이를 붙이다

🔊 「씨」는 영어의 seat(앉다)와 동근(同根)일 가능성이 높다.

251 助ける(たすける): 돕다 [도울 조(助)]

어원은 「돕다」(어간은 돕)

『돕 〉 답 〉 닷 〉 다스 〉 たす』

「たす+ける(동사를 만듦)」

「たすける」 : 돕다

🔊 「답, 닷」을 일본어로 표기하면 촉음 「たっ」으로, 일본어에서 「답, 닷」은 같
   은 발음임.

252 訪ねる(たずねる): 찾다, 방문하다 [찾을 방(訪)]

어원은 「찾다」(어간은 찾)

『찾 〉 차즈 〉 ちゃず 〉 たず』

[요음 「ちゃ」가 직음화(直音化)로 「た」로 바뀜]

「たず+ねる(동사를 만듦)」

「たずねる」: 찾다, 방문하다

◀ 직음(直音): 요음(拗音,きゃ), 촉음(促音, きっ), 발음(撥音, ん) 이외의 가나 (仮名) 한 자로 표시되는 음.

253 立つ(たつ): 서다, 일어서다 [설 립(立)]

어원은 「다리」

『다리 〉 달 〉 다츠 〉 たつ』

다리로 서다('다리'는 서는 기능을 담당한다)

「たつ」: 서다, 일어서다

* たてる(立てる): 세우다

◀ 우리말 종성 「ㄹ」이 일본어로 바뀔 때, 자음이 「ㄱ, ㅁ, ㅅ, ㅈ, ㅊ, ㄷ」으로 바 뀌며 모음(ㅣ, ㅡ, ㅏ 등)이 붙는다.

254 建てる(たてる): 세우다, 짓다 [세울 건(建)]

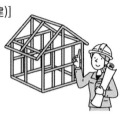

어원은 「짓다」(어간은 짓)

『짓 〉 잣 〉 잗 〉 자데 〉 ぢゃて 〉 ちゃて 〉 たて』

180

① 탁음 ぢゃ → 청음 ちゃ

② 요음 ちゃ → 직음 た

「たて+る(동사·접미어)」

「たてる」: 세우다, 짓다

255 **頼む(たのむ): 부탁하다, 의뢰하다** [의뢰할 뢰(頼)]

어원은 「뇌다」(어간은 뇌). 한 말을 여러 번 거듭 말하다

『뇌 〉노 〉の』

「た(手, 손)+の+む(동사·접미어)」 → たのむ

두 손을 모아 여러 번 거듭 말하다(→부탁하다)

「たのむ」: 부탁하다, 의뢰하다

256 **食べる(たべる): 먹다** [먹을 식(食)]

문어체는 「たぶ」(食ぶ)

어원은 「때」(끼니). 땟거리의 때

『때 〉따 〉た』

「た+ぶ(동사·접미어)」 → たぶ

「たぶ → たべる」(하1단화, 구어체)

「때」(끼니)를 먹다.

「たべる」: 먹다

257 違う(ちがう): 다르다, 차이 나다 [어긋날 위(違)]

어원은 「층지다」(層지다)의 「층」. 층은 「층 層」으로 순우리말.

「층지다」는 나이, 형편, 환경 따위에서 차이가 나다.

『층 〉칭 〉칭아 〉ちんあ 〉ちが』

「ちが+う(동사·접미어)」

「ちがう」: 다르다, 차이 나다

◀ 「칭아」는 '차이'라는 뜻으로 '층'에서 파생된 방언이다.

258 使う(つかう): 쓰다, 사용하다 [하여금 사(使)]

어원은 「쓰다」의 활용 「쓸」

『쓸 〉쓰가 〉つか』

「つか+う(동사·접미어)」

「つかう」: 쓰다, 사용하다

◀ 우리말 종성 「ㄹ」이 일본어로 바뀔 때, 자음이 「ㄱ, ㅁ, ㅅ, ㅈ, ㅊ, ㄷ」으로 바뀌며 모음(ㅣ, ㅡ, ㅏ 등)이 붙는다.

259 **疲れる(つかれる): 지치다, 피로해지다** [피곤할 피(疲)]

어원은 「지치다」

『지치 〉 즈치 〉 즟 〉 즉 〉 즈가 〉 쯔가 〉 つか』

「つか+れる(동사를 만듦)」

「つかれる」 : 지치다, 피로해지다

■◀ 「즟, 즉」을 일본어로 표기하면 촉음 「つっ」으로, 일본어에서 「즟, 즉」은 같
은 발음임.

260 **着く(つく): 닿다, 도착하다** [붙을 착(着)]

어원은 「닿다」(어간은 닿)

『닿 〉 단 〉 따 〉 뜨 〉 つ』

「つ +く(동사·접미어)」

「つく」 : 닿다, 도착하다

💡 연상암기(2)

▷ ひだり(左): 왼쪽
영희 다리는 왼쪽이 절름발이

▷ びっくり: 깜짝 놀람
「빅(big, 크다)+くり(栗, 밤)」
머리 위에 큰 밤이 떨어져 깜짝 놀라다.

▷ みぎ(右): 오른쪽
미기(美旗, 미국기)를 단 배는 우리의 우방이다

▷ め(目): 눈
눈매가 매섭다

▷ 夜(よ, よる): 밤
밤에 요를 깔고 자다

▷ 冬(ふゆ) : 겨울
후유(감탄사), 이 추운 겨울이 언제 지나갈꼬.

261 **作る(つくる): 만들다, 제작하다** [지을 작(作)]

어원은 「짜다」의 활용 「짤」

「짜다」는 사개를 맞추어 가구나 상자 따위를 만들다.

『짤 〉 짜구 〉 쯔구 〉 つく』

「つく+る(동사·접미어)」

「つくる」 : 만들다, 제작하다

◀ 우리말 종성 「ㄹ」이 일본어로 바뀔 때, 자음이 「ㄱ, ㅁ, ㅅ, ㅈ, ㅊ, ㄷ」으로 바
꾀며 모음(ㅣ, ㅡ, ㅏ, ㅜ 등)이 붙는다.

262 **付く(つく): 붙다, 달라붙다** [줄 부(付)]

어원은 「착」(물체가 바싹 다가붙거나 끈기 있게 달라붙는 모양)

『착 〉 차구 〉 츠구 〉 つく』

착 달라붙다

「つく」 : 붙다, 달라붙다

  * つける(付ける): 붙이다, 부착시키다

263 **伝える(つたえる): 전하다, 알리다** [전할 전(伝)]

어원은 「수다」(쓸데없이 말수가 많음. 또는 그런 말)

『수다 〉 스다 〉 쓰다 〉 つた』

「つた+える(동사를 만듦)」

말로 전달하다(알리다)

「つたえる」: 전하다, 알리다

　* 伝わる(つたわる): 전해지다, 전달되다

264 **續く(つづく): 계속되다** [이을 속(続)]

어원은 「쭉쭉」(끊어지지 않고 이어지는 모양)

『쭉쭉 〉 쭈쭈 〉 쯔쯔 〉 쯔즈 〉 つづ』

「つづ+く(동사·접미어)」

쭉쭉, 끊어지지 않고 계속되다

「つづく」: 계속되다

　* つづける(続ける): 계속하다

265 **勤める(つとめる): 근무하다, 종사하다** [부지런할 근(勤)]

어원을 풀어 쓰면,

「つとに(夙に, 아침 일찍)+める(동사를 만듦)」

(첫닭이 우는) 아침 일찍 일어나 일하다(근무하다).

「つとめる」: 근무하다, 종사하다

◀ つとに(夙に): 아침 일찍

　　어원은 「첫차」의 「첫」

　　『첫 〉 첟 〉 처도 〉 つと 〉 つとに』

　　「つとに」: 아침 일찍

266 連れる(つれる): 데리고 오다(가다), 동반하다 [잇달을 련(連)]

어원은 「데리다」(동반하다).

『데리 〉 드리 〉 드래 〉 뜨래 〉 つれ』

「つれ+る(동사·접미어)」

「つれる」: 데리고 오다(가다), 동반하다

267 手伝う(てつだう): 거들다, 돕다, 도와주다

어원은 「돕다」(어간은 돕)

『돕 〉 돌 〉 도다 〉 드다 〉 つだ』

「て(手, 손)+つだ+う(동사·접미어)」 → てつだう

손을 돕다(→거들다)

「てつだう」: 돕다, 거들다, 도와주다

 「돕, 돈」을 일본어로 표기하면 촉음 「とっ」으로, 「돕, 돈」은 일본어에서 같은 발음임.

268 **通る(とおる): 통하다** [통할 통(通)]

어원은 「통하다」(어근은 통)

『통〉토오〉とお』

「とお+る(동사·접미어)」

「とおる」: 통하다

269 **飛ぶ(とぶ): 날다** [날 비(飛)]

어원은, 「とり(鳥, 새)」

とり(새)가 동사화되면서, 「とぶ」가 「날다」라는 뜻이 되었다.

　* 飛ばす(とばす): 날리다, 띄우다

 とり(鳥, 새)의 어원은 「닭」

　『닭〉달〉다리〉도리〉とり』

188

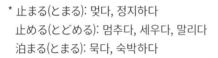

止める(とめる): 멈추다, 세우다 [그칠 지(止)]

풀어 쓰면,

「と(処, 장소)+める(타동사를 만듦)」

어떤 장소에 있게 하다(→ 멈추다라는 뜻)

「とめる」: 멈추다, 세우다

* 止まる(とまる): 멎다, 정지하다
  止める(とどめる): 멈추다, 세우다, 말리다
  泊まる(とまる): 묵다, 숙박하다

 と(処, 장소): 「터」(장소)가 「と」로 바뀐 말.

『터 〉 토 〉 と』

271 取る(とる): 잡다, 들다, 쥐다 [가질 취(取)]

어원을 풀어 쓰면,

「て(手, 손)+る(동사·접미어)」 → てる → とる

손에 잡다

「とる」: 잡다, 들다, 쥐다

272 **治る(なおる): 낫다, 치료되다** [다스릴 치(治)]

어원은 「낫다」(어간은 낫)

『낫 〉 낳 〉 나호 〉 나오 〉 なお』

「なお+る(동사·접미어)」

「なおる」: 낫다, 치료되다

    * 治す(なおす): 고치다, 치료하다

273 **習う(ならう): 배우다, 연습하다, 익히다** [익힐 습(習)]

어원은 「날」

「날」은 「길이 아주 잘 들어 익숙해진 버릇이나 짓」.

『날 〉 나라 〉 なら』

「なら+う(동사·접미어)」 → ならう

날이 나도록(익숙해 지도록) 연습하고 익히다

「ならう」: 배우다, 연습하다, 익히다

〈연상〉 다른 「나라」 말을 배우고 익히다 → ならう

274 並ぶ(ならぶ): 한 줄로 서다, 늘어서다 [나란히 병(並)]

어원은 「나란하다」

나란하다는 「줄지어 늘어선 모양이 가지런하다」라는 뜻

나란히(→ 나라니) 「한 줄로 서다」 → ならぶ

「ならぶ」: 한 줄로 서다, 늘어서다

  * 並べる(ならべる): 늘어놓다

275 慣れる, 馴れる(なれる): 익숙해지다, 길들다 [익숙할 관(慣)]

어원은 「날」

「날」은 「길이 아주 잘 들어 익숙해진 버릇이나 짓」.

『날 〉 나래 〉 なれ』

「なれ+る(동사·접미어)」

날이 나다(→익숙해지다)

「なれる」: 익숙해지다, 길들다

  * 慣らす(ならす): 순응시키다, 길들이다

276 脱ぐ(ぬぐ): 벗다 [벗을 탈(脱)]

어원은 「날바늘」의 「날」

「날바늘」은 「실을 꿰지 않은 바늘」을 말한다.

「날바늘」의 '바늘'에 '몸'을 대입하면 「날몸」

「날몸」은 옷을 입지 않은 몸, 즉 벗은 몸을 말한다.

『날 〉 나구 〉 누구 〉 ぬぐ』

「ぬぐ」 : 벗다

 우리말 종성 「ㄹ」이 일본어로 바뀔 때, 자음이 「ㄱ, ㅁ, ㅅ, ㅈ, ㅊ, ㄷ」으로 바
꿔며 모음(ㅣ, ㅡ, ㅏ, ㅜ 등)이 붙는다.

277 願う(ねがう): 원하다, 바라다 [원할 원(願)]

어원은 고어 「ねぐ」(祈ぐ, 기원하다)

「ねぐ」가 「ねがう」로 바뀌어 「원하다, 바라다」라는

뜻이 되었다.

 ねぐ(祈ぐ): 기원하다

어원은 「뇌다」(어간은 뇌), 한 말을 여러 번 거듭 말하다.

기원할 때, 한 말을 여러 번 거듭 말한다.

『뇌 〉 내 〉 ね』

「ね+ぐ(동사·접미어)」 → ねぐ(기원하다)

(278) 寝る(ねる): 자다 [잘 침(寝)]

어원은 「눈 감고 자다」에서 「눈」

『눈 〉누 〉내 〉ね』

「ね+る(동사·접미어)」

「ねる」: 자다

* ねむる(眠る): 자다, 잠자다
  ねむい(眠い): 졸리다
  ねむたい(眠たい): 졸리다

(279) 残す(のこす): 남기다, 남게 하다 [남을 잔(残)]

어원은 「남기다」(어간은 남기)

『남기 〉나기 〉노기 〉노고 〉のこ』

「のこ+す(동사·접미어)」

「のこす」: 남기다, 남게 하다

* 残る(のこる): 남다

280 上る(のぼる): 오르다 [위 상(上)]

어원은 「높다」(어간은 높)

『높 〉 놉 〉 노보 〉 のぼ』

「のぼ+る(동사·접미어)」→ のぼる

높은 곳으로 오르다.

「のぼる」 : 오르다

281 飲む(のむ): 마시다 [마실 음(飮)]

어원은 (물을) 「넘기다」의 「넘」

『넘 〉 너무 〉 노무 〉 のむ』

물을 넘기다(→ 물을 마시다).

   * 마시다: 물이나 술 등을 목구멍으로 「넘기다」

282 運ぶ(はこぶ): 운반하다, 옮기다 [옮길 운(運)]

어원은 「はこ」(箱, 상자)

「はこ」를 동사화한 말이다.

「はこぶ」 : 운반하다, 옮기다

◀ はこ(箱): 상자 〈80 참조〉

283 始める, 初める(はじめる): 시작하다 [비로소 시(始)]

어원은 「비롯하다」(시작하다)의 「비롯」

『비롯 〉비로 〉빌 〉발 〉바지 〉하지 〉하지』. [탁음 바(ば) → 청음 하(は)]

「はじ+める(동사를 만듦)」

「はじめる」: 시작하다

* 始まる(はじまる): 시작되다
  はじめて(初めて, 始めて): 처음으로, 첫 번째로

◀ 우리말 종성 「ㄹ」이 일본어로 바뀔 때,

자음이 「ㄱ, ㅁ, ㅅ, ㅈ, ㅊ, ㄷ」으로 바뀌며, 모음(ㅣ, ㅡ, ㅏ, ㅔ 등)이 붙는다.

284 走る(はしる): 달리다, 빠르게 움직이다 [달릴 주(走)]

어원은 「빠르다」(어간은 빠르)

『빠르 〉빨 〉빠시 〉하시 〉하시』. [반탁음 빠(ぱ) → 청음 하(は)]

「はし+る(동사·접미어)」

「はしる」: 빠르게 움직이다, 달리다

◀ 우리말 종성 「ㄹ」이 일본어로 바뀔 때,

자음이 「ㄱ, ㅁ, ㅅ, ㅈ, ㅊ, ㄷ」으로 바뀌며 모음(ㅣ, ㅡ, ㅏ, ㅔ 등)이 붙는다.

働く(はたらく): 일하다 [일할 동(働)]

「はた(畑, 밭)+らく(동사화)」

밭에서 일하다. 농사 일을 하다

「はたらく」: 일하다

💡 연상암기(3)

▶ うるさい(煩い): 시끄럽다, 귀찮다 [번거로울 번(煩)]

애가 울어싸서(→우러싸서, 울어대서) 시끄럽다

▶ たのしい(樂しい): 즐겁다

「딴따라(tantara)」는 나팔 등의 소리

『딴 〉따노 〉たの』

「たの+しい(…하다, …스럽다)」

나팔을 불고 놀면 즐겁다

▶ やすい(安い): 값이 싸다

값이 싼 허름한 여관에서 쉬다(やすむ, 休む)

▶ おくる(送る): 보내다, 부치다

1억(いちおく, −億) 원을 은행에서 보내다

▶ おぼえる(覺える): 기억하다, 배우다

오보에(악기) 부는 법을 배워서 기억하다

286 **話す(はなす): 이야기하다, 말하다** [말씀 화(話)]

예전에는 「한가할 때 말하는 잡담」을 의미했다.

어원은 「한가」의 「한」(한가할 閑)

『한 〉하나 〉はな』

「はな+す(동사·접미어)」

「はなす」: 이야기하다, 말하다

　* 話(はなし): 이야기, 말

287 **晴れる(はれる): (하늘이) 개다** [갤 청(晴)]

어원은 「파래지다」(어근은 파래).

『파래 〉하래 〉はれ』. [반탁음 파(ぱ) → 청음 하(は)]

「はれ+る(동사·접미어)」 → はれる

하늘이 개면서 파래지다.

「はれる」: (하늘이) 개다

288 **開く(ひらく): 열다, 열리다** [열 개(開)]

어원은 「펴다」의 활용 「펼」

『펼 〉펴라 〉피라 〉히라 〉ひら』. [반탁음 피(ぴ) → 청음 히(ひ)]

「ひら+く(동사·접미어)」 → ひらく

펴다는 「열다」는 뜻도 있다(책을 펴다).

「ひらく」 : 열다, 열리다

289 拾う(ひろう): 줍다, 골라내다 [주을 습(拾)]

어원은 「広く取る(ひろくとる)」(일본 어원설).

넓은(広い, ひろい) 갯벌에서 조개를 줍다

「ひろ + う(동사·접미어)」

「ひろう」 : 줍다, 골라내다

◀ '줍다' 하면 요즘은 거리의 휴지·담배 꽁초 등을 먼저 떠올리지만, 예전에는

　　거리에서 주을 것도 거의 없었고 줍는 행위는 생산적 활동이었다.

290 増える(ふえる): 늘다, 증가하다 [불을 증(増)]

어원은 「붇다」(어간은 붇), 많아지다.

『붇 〉붛 〉부헤 〉부에 〉후에 〉ふえ』.

[탁음 부(ぶ) → 청음 후(ふ)]

「ふえ+る(동사·접미어)」

「ふえる」 : 늘다, 증가하다

  * 増やす(ふやす): 늘리다, 불리다

291 **吹く(ふく): (바람이) 불다, 입김으로 불다** [불 취(吹)]

어원은 「불다」(어간은 불)

『불 〉부 〉후 〉ふ』. [탁음 부(ぶ) → 청음 후(ふ)]

「ふ+く(동사·접미어)」

「ふく」 : (바람이) 불다, 입김으로 불다

292 **降る(ふる): (비, 눈) 내리다** [내릴 강(降)]

어원은 「뿌리다」

「뿌리다」는 눈이나 비 따위가 날려서 떨어지다.

『뿌리 〉뿌루 〉후루 〉ふる』.

[반탁음 뿌(ぷ) → 청음 후(ふ)]

「ふる」 : (비, 눈) 내리다

200

293 減る(へる): 줄다, 닳다 [덜 감(減)]

어원은 「빼다」(어간은 빼)

『빼 〉해 〉へ』. [반탁음 빼(ぺ) → 청음 해(へ)]

「へ+る(동사·접미어)」 → へる

빼면 양이 줄어든다.

「へる」: 줄다, 닳다

294 褒める, 譽める(ほめる): 칭찬하다 [기릴 포(褒)]

어원은 「뽐」(빼어난 것을 이르는 말)

『뽐 〉뽀메 〉호메 〉ほめ』. [반탁음 뽀(ぽ) → 청음 호(ほ)]

「ほめ+る(동사·접미어)」

빼어난 것을 말하다(칭찬하다의 뜻)

「ほめる」: 칭찬하다

295 卷く, 捲く(まく): 말다, 감다 [말 권(卷)]

어원은 「말다」(어간은 말)

『말 〉마 〉ま』

「ま+く(동사·접미어)」 → まく

「まく」: 말다, 감다

296 負ける(まける): 지다, 패하다 [질 부(負)]

어원은 「막내」의 「막」

『막 〉 마게 〉 まけ』

「まけ+る(동사·접미어)」 → まける

막내는 아무래도 힘이 모자라 지게 마련이다.

「まける」: 지다, 패하다

◀ 「막」: ① 거친, 품질이 낮은의 뜻(막고무신, 막국수), ② 마지막의 뜻(막차)

297 曲げる(まげる): 구부리다 [굽을 곡(曲)]

문어체는 まぐ(曲ぐ)

「まる(円. 원형, 둥긂)+ぐ(동사·접미어)」

「まるぐ → まぐ → まげる」 (하1단화, 구어체)

둥글게 하다(→ 구부리다)

「まげる」: 구부리다

　* 曲がる(まがる): 구부러지다, 굽다, 돌다

まるい(丸い): 둥글다 〈177 참조〉

298 守る(まもる): 지키다, 수호하다 [지킬 수(守)]

어원을 풀어 쓰면

「ま(目, 눈)+もる(守る. 지키다, 돌보다)」

눈을 크게 뜨고 지키다.

「まもる」: 지키다, 수호하다

　* 子守(こもり): 아이를 봄

◀️ もる(守る): 지키다, 돌보다

　　어원은 「め」(目, 눈)

　　「め+る 〉 める 〉 もる」

　　눈으로 보고 지키다

　　「もる」: 지키다, 돌보다

299 回る(まわる): 돌다, 회전하다 [돌아올 회(回)]

본래 말은 「回る(まはる)」

「まる(丸, 둥근 것)+はる(하다의 뜻)」→ ま(る)はる → まはる

둥글게 하다. 「돌다, 회전하다」라는 뜻이다.

「まはる → まわる」

「まわる」: 돌다, 회전하다

300 磨く(みがく): 닦다, 윤을 내다, 손질하여 아름답게 하다 [갈 마(磨)]

어원을 풀어 쓰면,

「み(=みず. 水, 물)+かく(掻く, 긁다)」→ みかく

물을 뿌려 더러워진 곳을 긁어내어 닦다.

「みかく → みがく」

「みがく」: 닦다, 윤을 내다, 손질하여 아름답게 하다

◀ かく(掻く): 긁다

　　어원은 「긁다」(어간은 긁)

　　『긁 〉 극 〉 각 〉 가구 〉 かく』

　　「かく」: 긁다

301 迎える(むかえる): 맞이하다, 맞다 [맞을 영(迎)]

어원은 「맞다」(어간은 맞)

『맞 〉 묯 〉 묵 〉 무가 〉 むか』

204

「むか+える(동사를 만듦)」

「むかえる」: 맞이하다, 맞다

 「뭊, 묵」을 일본어로 표기하면 촉음 「むっ」으로,

　「뭊, 묵」은 일본어에서 같은 발음임.

302 **겁しあがる(めしあがる): 잡수시다**
　　　(飲む, 食べる의 높임말)

「めし(飯, 밥)+あがる(上がる, 올라가다)」

밥이 (입으로) 올라가다(→잡수시다)

「めしあがる」: 잡수시다

 めし(飯): 밥

　어원은 「멧밥」의 「멧」. 「멧밥」은 「메」의 방언(경상, 전남, 제주)

　「메」는 제사 때 신위(神位) 앞에 놓는 밥이다.

　『멧 〉 메시 〉 めし』

　「めし」: 밥

　* ご飯: 밥의 공손한 말

303 **申す(もうす): 말하다의 겸사말** [거듭 신(申)]

본래 말은 「まうす」

어원은 「말」

『말: 〉마: 〉마아 〉마우 〉まう』

「まうす → もうす」

「もうす」: 말하다

304 **詣でる(もうでる): (신전.불전) 참배하다** [이를 예(詣)]

어원은 「뫼」(무덤)

『뫼: 〉모이 〉모오 〉もう』

「もう+でる(동사화)」

조상의 뫼에서 참배하다

「もうでる」: 참배하다

　　* はつもうで(初詣で): 정월의 첫 참배

305 燃やす(もやす): 불태우다 [탈 연(燃)]

어원은 「もやもや」(연기가 모락모락 나는 모양)

불태우니 연기가 「모락모락」 나다.

「もやす」: 불태우다

　　* 燃える(もえる): 타다, 불길이 일다

◀ もやもや: 연기가 모락모락 나는 모양

　　『모락모락 〉 모라모라 〉 모야모야 〉 もやもや』

306 戻る(もどる): 되돌아가(오)다 [어그러질 려(戻)]

어원은 もと(本·元. 처음, 근본)

「もと」를 동사화하면 「もとる」.

「もとる」가 「もどる」로 바뀌어, 근본으로 되돌아가다.

「もどる」: 되돌아가(오)다

　　* 戻す(もどす): 되돌리다, 갚다

◀ もと(本, 元): 처음, 근본

　　어원은 「밑」

　　『밑 〉 미토 〉 모토 〉 もと』

　　밑은 근본을 의미한다.

307 焼く(やく): 태우다, 피부를 그을리다, 불에 굽다 [불사를 소(焼)]

「뙤약볕」에 피부를 그을리다에서, 어원은 「뙤약」의 「약」

『약 〉 야구 〉 やく』

「やく」: 태우다, 피부를 그을리다, 불에 굽다

> * やける(焼ける): 타다, 구워지다
>   やきにく(焼肉): 고기를 직화로 구워서 먹는 요리

308 休む(やすむ): 쉬다 [쉴 휴(休)]

어원은 「쉬다」의 활용 「쉼」

『쉼 〉 쉬무 〉 수무 〉 すむ』

「や(屋, 집)+すむ」 → やすむ

(집에서) 쉬다.

「やすむ」: 쉬다

◀ 일본 어원설에 「や(屋, 집)+すむ(住む, 살다)」 설이 있다.

止む(やむ): 멈추다, 멎다, 그치다 [그칠 지(止)]

어원은 「멈칫」의 「멈」

「멈칫」은 '하던 일이나 동작을 갑자기 멈추는 모양'.

『멈 〉 맘 〉 마무 〉 아무 〉 야무 〉 やむ』.(ㅁ → ㅇ)

「やむ」 : 멈추다, 멎다, 그치다

　* やめる(止める): 그만두다, 중지하다

あ《ㅁ → ㅇ》변화

① すみません → すいません(미안합니다)

② いくつ(幾つ): 몇, 몇 개, 몇 살

　어원은 「몇」

　『몇 〉 및 〉 믹 〉 미구 〉 이구 〉 いく』. (ㅁ → ㅇ)

　「いく+つ(수치 그 자체, 또는 개수·연령을 나타내는 말)」

　「いくつ」 : 몇, 몇 개, 몇 살

　* 「및, 믹」을 일본어로 표기하면 촉음 「みっ」으로, 「및, 믹」은 일본어에
　　서 같은 발음임.

③ あたる(当る): 맞다

　어원은 「맞다」(어간은 맞)

　『맞 〉 앚 〉 앋 〉 아다 〉 あた』. (ㅁ → ㅇ)

　「あた+る(동사·접미어)」

　「あたる」 : 맞다

④ うなぎ(鰻) : 장어

　「む(み·身, 몸의 옛말) + なが-(長, 긴)」

　「むなが 〉 うなが 〉 うなぎ」. (ㅁ → ㅇ)

　몸이 긴 것이 장어다. 「うなぎ」 : 장어

---

310 呼ぶ(よぶ): 부르다 [부를 호(呼)]

어원은 「여보게」의 「여보」

「여보게」는 가까이 있는 사람을 부를 때 쓰는 말.

『여보 〉 요보 〉 요부 〉 よぶ』

「よぶ」: 부르다

311 喜ぶ, 悦ぶ(よろこぶ): 즐거워하다, 기뻐하다 [기쁠 열(悦)]

어원은 「얼」(정신, 마음)

『얼 〉 어로 〉 오로 〉 요로 〉 よろ』

「よろ+こぶ(동사화)」

마음이 기쁘다

「よろこぶ」: 즐거워하다, 기뻐하다

◀ うれしい(嬉しい, 기쁘다)와 어원이 같음.

312 分かる(わかる): 알다 [나눌 분(分)]

어원은 「알다」(어간은 알」

『알 〉 아가 〉 와가 〉 わか』

210

「わか+る(동사·접미어)」

「わかる」: 알다

◀ 우리말 종성 「ㄹ」이 일본어로 바뀔 때, 자음이 「ㄱ, ㅁ, ㅅ, ㅈ, ㅊ, ㄷ」으로 바꾸며 모음(ㅣ, ㅡ, ㅏ 등)이 붙는다.

313 忘れる(わすれる): 잊다, 잊고 오다 [잊을 망(忘)]

문어체는 「わする」(忘る)

어원은 「잊다」(어간은 잊)

『잊 〉잇 〉이스 〉와스 〉わす』

「わす+る(동사·접미어)」

「わする → わすれる」(하1단화, 구어체)

「わすれる」: 잊다, 잊고 오다

314 渡る(わたる): 건너다, 건너가다(오다) [건널 도(渡)]

어원은 「わた(海. うみ, 바다의 옛말)」

바다를 통해서 건너다.

「わたる」: 건너다, 건너가다(오다)

　* 渡す(わたす): 건네주다

◄ わた(海): うみ(바다)의 옛말

　어원은 「바다」

　『바다 〉 하다 〉 와다 〉 わた』.

　[탁음 바(ば) → 청음 하(は) → 여린소리 와(わ)].

　「わた」: うみ(바다)의 옛말

⟨315⟩ 笑う(わらう): 웃다 [웃을 소(笑)]

어원은 「와르르」(여러 사람이 다 같이 떠들썩하게
웃는 소리. 또는 그 모양).

『와르(르) 〉 와라 〉 わら』

「わら+う(동사·접미어)」

「わらう」: 웃다

◄ 일본 어원설

　어원은 「わる」(割る. 나누다, 쪼개다)

　웃을 때 입이 쪼개지는 것에서

　「わる+う(동사·접미어)」 → わるう → わらう

　「わらう」: 웃다

🔍 연상암기(4)

▷ おりる(下りる, 降りる): 내리다, 내려오다

마을에서 오리길을 내려와 차를 타다

▷ にる(似る): 닮다, 비슷하다

두(に, 二)개가 닮아 서로 비슷하다

▷ ちょうど(丁度): 꼭, 정확히, 마치

일 초도 틀리지 않고 꼭 정확하다

▷ かならず(必ず): 반드시, 꼭 [반드시 필(必)]

일본어를 배우기 위해서는 반드시 가나(かな, 仮名)를 익혀야 한다

▷ なげる(投げる): 던지다 [던질 투(投)]

던져서 공중으로 날게 하다

「날게 〉 나게 〉 なげ」

「なげる」: 던지다

부사

(副詞)

316 何時も(いつも): 언제나, 늘

「いつ(언제)+も(…도)」: 언제나, 늘

◀ いつ(何時): 언제

　어원은 「언제」

　『언제 〉 어제 〉 이제 〉 이즈 〉 いつ』

　「いつ」: 언제

317 きっと: 꼭, 반드시

어원은 「꼭」

『꼭 〉 끽 〉 낃 〉 끼토 〉 きと 〉 きっと』. (촉음이 들어가면 강조의 뜻)

「きっと」: 꼭, 반드시

◀️ 「끽, 낄」을 일본어로 표기하면 촉음 「きっ」으로, 일본어에서 「끽, 낄」은 같은

발음임

318 確り(しっかり): 단단히, 꼭, 똑똑히

어원은 「たしか」(確か, 확실함)의 「しか」

「しか → しかり → しっかり」

확실히 단단히 하다

「しっかり」: 단단히, 꼭, 똑똑히

◀️ 確か(たしか): 확실함 [굳을 확(確)]

어원은 「다시」

「다시」는 되풀이해서 확실하게 한다는 뜻이 있다.

「다시+か(성질, 상태를 나타냄)」 → たしか

「たしか」: (다시 해서) 확실함

319 例えば(たとえば): 예를 들면, 예컨대

たとえる(例える, 예를 들다)

→ たとえば(예를 들면, 예컨대).

■) たとえる(例える): 예를 들다, 비유하다

　어원은 「들다」(어간은 들)

　『들 〉 달 〉 다도 〉 たと』

　「たと+える(동사·접미어)」

　다른 사례를 들어 비유하다

　「たとえる」 : 예를 들다, 비유하다

320 **どうぞ: 부디, 어서**

어원은 「드소」(드세요의 방언)

『드소 〉 도소 〉 도조 〉 どうぞ』

어서 드소

「どうぞ」 : 부디, 어서

321 **はっきり: 똑똑히, 명확히**

어원은 「はきはき」(시원시원한 모양)

「はき → はっき → はっき+り(부사화)」 → はっきり

시원시원하게 하다(→명확히 하다)

「はっきり」 : 똑똑히, 명확히

はきはき: 시원시원한 모양

머리를 「빡빡」 깎아서 시원시원해 보이다.

『빡빡 〉 빠기빠기 〉 하기하기 〉 はきはき』. [반탁음 빠(ぱ) → 청음 하(は)]

322 先ず(まず): 먼저, 우선 [먼저 선(先)]

어원은 처음을 뜻하는 「마수」

처음은 먼저, 우선이란 뜻도 포함되어 있다.

『마수 〉 마스 〉 마즈 〉 まず』

「まず」 : 먼저, 우선

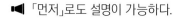

* 마수걸이: 맨 처음으로 물건을 파는 일

 「먼저」로도 설명이 가능하다.

『먼저 〉 머저 〉 마즈 〉 まず』

의태어·의성어

순수 일본어인 「야마토 고토바」(大和言葉)에는 의태어·의성어가 많은데,
우리말과 유사한 말이 많다.

(1) すくすく: 쑥쑥, 무럭무럭

　　『쑥쑥 〉 숙숙 〉 수구수구 〉 すくすく』

(2) おどおど: 오들오들

　　『오들오들 〉 오드오드 〉 오도오도 〉 おどおど』

(3) ばらばら: 뿔뿔이

　　『뿔뿔 〉 빨빨 〉 발발 〉 바라바라 〉 ばらばら』

(4) すらすら: 막힘없이 원활히 진행되는 모양, 술술

　　『술술 〉 수라수라 〉 すらすら』

(5) くよくよ: 끙끙, 걱정하는 모양

　　『끙끙 〉 꿍꿍 〉 꾸요꾸요 〉 くよくよ』

(6) どきどき: 두근두근

　　『두근두근 〉두그두그 〉도기도기 〉どきどき』

(7) ぴかぴか: 광택이 나는 모양, 번쩍번쩍

　　「빛깔이(비까리 → 삐까리) 번쩍번쩍」

　　『삐까삐까 〉ぴかぴか』

(8) とぼとぼ: 터벅터벅(걷는 모양)

　　『터벅터벅 〉터버터버 〉토보토보 〉とぼとぼ』

(9) たまたま: 드문드문

　　『드문드문 〉다무다무 〉다마다마 〉たまたま』

(10) ざあざあ: 좍좍(비가 오는 모양)

　　『좍좍 〉좌좌 〉자아자아 〉ざあざあ』

(11) たっぷり: 듬뿍

　　『듬뿍 〉담뿍 〉닷뿌 〉たっぷり』

(12) ぱさぱさ: 파삭파삭

　　『파삭파삭 〉파사파사 〉ぱさぱさ』

(13) ぱたぱた: 파닥파닥

　　『파닥파닥 〉파다파다 〉ぱたぱた』

(14) ずるずる: 질질(끌거나 미끄러지는 모양)

　　『질질 〉지루지루 〉즈루즈루 〉ずるずる』

(15) ぱりぱり: 팔팔한 모양, 민첩한 모양(빠릿빠릿)

　　『빠릿빠릿 〉빠리빠리 〉ぱりぱり』

(16) のろのろ: 느릿느릿

　　『느릿느릿 〉느리느리 〉노로노로 〉のろのろ』

(17) ひらひら: 팔랑팔랑

　　『팔랑팔랑 〉파라파라 〉피라피라 〉히라히라 〉ひらひら』

(18) もじもじ: 꾸물꾸물, 머뭇머뭇, 미적미적

　　『미적미적 〉미저미저 〉미지미지 〉모지모지 〉もじもじ』

(19) もくもく: 뭉게뭉게

　　『뭉게뭉게 〉몽게몽게 〉모게모게 〉모구모구 〉もくもく』

(20) げらげら: 껄껄(웃는 모양)

　　『껄껄 〉꺼라꺼라 〉게라게라 〉げらげら』

(21) ぶるぶる: 벌벌(떠는 모양)

　『벌벌 〉불불 〉부루부루 〉ぶるぶる』

(22) にこにこ: 생긋생긋, 싱글벙글

　마음이 "내키어" 싱글벙글하다

　『내키 〉니키 〉니코 〉にこにこ』

(23) ぺこぺこ: 몹시 배가 고픈 모양

　배고파, "배고배고"

　『배고배고 〉빼고배고 〉빼꼬배꼬 〉ぺこぺこ』

(24) かんかん: 쾅쾅(두드릴 때 나는 소리)

　『쾅쾅 〉캉캉 〉칸칸 〉かんかん』

(25) さっそく(早速): 즉시, 바로, 즉각

　「싸게싸게」(빨리빨리의 방언)

　『싸게싸게 〉쌋싸게 〉쌋소구 〉さっそく』